21th

1998-2018

太阳鸟文学年选

2018中国最佳诗歌

主　编 | 王　蒙

分卷主编 | 宗仁发

辽宁人民出版社

图书在版编目（CIP）数据

2018中国最佳诗歌 / 宗仁发主编. —沈阳：辽宁人民出版社，2019.1
（太阳鸟文学年选 / 王蒙主编）
ISBN 978-7-205-09477-5

Ⅰ. ①2… Ⅱ. ①宗… Ⅲ. ①诗歌—中国—当代 Ⅳ. ①I227

中国版本图书馆CIP数据核字（2018）第253290号

出版发行：辽宁人民出版社
地址：沈阳市和平区十一纬路25号　邮编：110003
电话：024-23284321（邮　购）024-23284324（发行部）
传真：024-23284191（发行部）024-23284304（办公室）
http://www.lnpph.com.cn
印　　刷：辽宁星海彩色印刷有限公司
幅面尺寸：170mm×240mm
印　　张：14
字　　数：200千字
出版时间：2019年1月第1版
印刷时间：2019年1月第1次印刷
责任编辑：赵维宁
装帧设计：丁末末
责任校对：周海英
书　　号：ISBN 978-7-205-09477-5

定　　价：46.00元

太阳鸟文学年选
编辑委员会

2018年中国诗歌巡览

何言宏

扑向自然、“扑向某种轻”

（陈先发：《自然的伦理》，《诗刊》2018年第1期）

以“自然的伦理”这样一种近乎抽象和理论化的说法来作为诗题，进而作为一组诗的题目，非常明显地概括和标示出了诗的主题。回归和主张自然伦理，这不仅仅是先发的选择，实际上也是二十一世纪以来中国诗歌的重要趋向和重要特点，只是在《自然的伦理》中，这样的主张要更加断然，不由分说——

世上没有什么铁律或不能
废去的奥义
世上只有我们无法摆脱的
自然的伦理

——“自然的伦理”成了我们这个世界上惟一的“奥义”、惟一的“铁律”，所以在这组诗中，诗歌主体的基本情状，就是倾心于自然，扑向自然。我很喜欢其中的一首叫做《芦花》的短诗：

我有一个朋友
他也有沉重肉身
却终生四海游荡，背弃众人
趴在泥泞中

只拍摄芦花

这么轻的东西

和他的这位朋友一样，也如其《孤岛的蔚蓝》所称引的卡尔维诺所说的："重负之下人们/会奋不顾身扑向某种轻"，神往于"轻"，对于"轻"的奔走，"扑向某种轻"，是先发的自然伦理中诗歌主体扑向自然时的一个非常重要的精神特征。无论是在《苍鹭斜飞》中与苍鹭"四目相对"，还是在《感激》中念及自己的花叶绽放，抑或是静听鸟鸣，感受"风的浮力"（《鸟鸣山涧图》《自然的伦理》），感觉到"空"（《不可多得的容器》），感觉到那些"气若游丝"的三角梅的香气（《三角梅》）和"好闻的/青木瓜之味"（《崖边口占》），先发的体验，都经常是某种"轻"——情形经常是，"这位诗人哲学家灵巧地一跃而起，使自己升至世界的重量之上，证明尽管他身体也有重力，却拥有轻的秘诀"，卡尔维诺所说的，莫非正是先发？

"突然"的西川，"突然"的写作

（西川：《题画》，《草堂》2018年第1期）

荆浩、关仝、董源、巨然，每个人都是突然，突然就把野山野水收揽进内心，同时勾画出伟大的山水幻象，仿佛在他们每个人动笔之前，那山山水水原本是不显山不露水的穷汉子，眼窝里有风沙、指甲里有泥，需待他们次第认出这穷汉子的巍巍大命。仿佛在他们之前，没有展子潜、王维和大小李将军。

现在轮到了李成现世。他又是突然……

——西川《题李成〈晴峦萧寺图〉》中开头的文字，对于我们理解他的写作，无疑有着相当重要的启发性意义。自"历史强行进入"以来，"大河拐大弯"（均为西川语），西川的转型，经常会引发人们的费解。他越来越远离其"仰望星空"，注目于"天鹅"或"广场上的落日""夕光中的蝙蝠" 的优雅的抒情姿态，"野"了起来。但我从来尊敬，同时也期待，实际上也非常"暗喜"于西川的"野"。历史的强行进入，历史的持续不断和无比粗暴的强行进入，需要我们告别优雅，尤其是要告别和摆脱那种过于诗意化的表面上的优雅，与历史的“野”形成对称。所以西川“毅然”转型，以其近乎“散野”的诗学探索频频地冲刷我们既有的诗学成规与诗歌趣味，不断向我们制造“突然”。《题画》八首，虽出于其“鉴史系列”，单独拎出，集中发表，一方面显示了其“鉴史写作”中的重要类型，题画以鉴史；另一方面，更能让我们领悟到他其实正像李成们一样，是要“把野山野水收揽进内心，同时勾画出伟大的山水幻象”。他有着自己的“巍巍大命”。从这样的角度来看，我们正可以从被西川“收揽”于其笔下的郭熙《早春图》，范宽《溪山行旅图》《雪景寒林图》和王希孟的《千里江山图》等“伟大的山水幻象”得见其“内心”，进而见出他的貌似“散野”实际上却是收揽和汇聚万象于内心，并以此为基点来创造自己的世界的诗的“使命”，理解他的诸多“突然”。所以在新诗史的意义上，我们真的应该真诚祝愿，“现在轮到了西川……”。

关于我们生命中的伤痛

（胡弦：《沉香》，《花城》2018年第1期）

胡弦经常以其敏感细致、极具耐力的内心去体察与感怀天地万物，去深入到事物的内部，去辨析、发掘、琢磨与想象，反观自我，在物与自我的往复对话中而做双重的深度开掘，不断启悟，寻得关于生命的哲思。胡弦的哲思具体而微，缠绕于诗。他的诗思运行的过程，就是生命不断颖悟、思想或真理不断被开启、不断获得丰满、展开、升腾、叠加甚或在有时忽又陡转的过程。《沉香》一诗，便很充分地展示了胡弦这方面的特点。

胡弦的《沉香》从“一粒微火”“一缕香息”开始，循此化解重重问题。随着诗的逐步展开，“沉香”的命运和诗歌中的“你”的命运不断被呈现，“你”对生命和命运的咀嚼与反思也不断地走向深刻，加之时常出没于诗、出没于“你”的命运之中的那些通灵或喧哗的女子，诸般形象和诸般诗力紧相纠缠，形成了一曲复杂的重奏或交响。但就是在这种复杂的重奏或交响中，胡弦的诗思静水深流，执拗向前，一个主要关于伤痛的哲思不断获得多方面的揭示，生命的伤痛也由起初的“结香”和巨大的“隐忍”而或“在春梦深酣，或者狂风大作的夜晚”全部苏醒，并且开口，并且在最后，归于一种故乡般的死。

“时代在加速　我们不急”

（娜夜：《西北风就酒》，《西部》2018年第1期）

在不同的意义上，往往存在着两类不同的诗人：有快的诗人，也有慢的诗人；有轻的诗人，也有重的诗人；有进的诗人，也有退的诗人；有在写作中不断地做加法甚至不断地进行话语增殖和话语膨胀的诗人，也有竭力地做着减法的诗人……娜夜显然是后者。这样的娜夜安静、肃穆，在时代的变动和风云变幻中凝然不动。娜夜的写作克制、回退，在精神、美学和修辞上都做着减法。但这更意味着她的写作相当直接地裸露着她的灵魂，呈现着她的情感及其价值观的最为核心的方面。

读娜夜的《西北风就酒》，首先就会让我想起她的《想兰州》，想起她在诗中所想念的阿信、叶舟等朋友。“谁在大雾中面朝故乡/谁就披着闪电越走越慢、老泪纵横”，《想兰州》中的诗句，令人动容。而在《西北风就酒》中，娜夜一样是在“想念西北高原的辽阔荒凉”，她以“西北风就酒”，其中的感情激越沉痛，痛至彻骨。只是在诗中，我注意到娜夜与其对西北的执念与想望相反，她因为对时代、人生与世事的洞明却表现出姑且的意思，其中隐含着颇多的无奈与反讽。“时代在加速　我们不急”，我们退无可退，不管时代如何变化，我们最重要的关切，还是那些于我们而言最为珍贵和最崇高的东西。所以在《草堂读诗》《博鳌》《大雾弥漫》《圣彼得大教堂》和《神在我们喜欢的事物》等诗篇中，都有一个清晰和坚定的诗歌主体，这一主体在时代的动荡与易逝中，凝然不动地仰望着圣者、仰望着神：“十字架上的耶稣　他受难/他多么美/旋涡般的眼睛深陷/世人向外流出的泪/他向内流淌”（《圣彼得大教堂》），我以为正是这些关切和她的仰望，构成了娜夜精神的核心。

“因为你目睹了日常的奇迹”

（黄灿然：《黄灿然的诗》，《诗歌月刊》2018年第2期）

“因为你目睹了日常的奇迹”——黄灿然的诗作《日常的奇迹》中有一个这样的诗句，很能够概括他最主要的写作特点。仿佛一位悠闲的漫游者，诗人经常触目和注视着日常生活中的许多场景和许多时刻，形形色色的芸芸众生，经常出现在黄灿然的诗中。但是在另一方面，诗人也常反顾自我，体味着自我的种种日常。在他的诗中，日常生活因为他的浓重的命运意识、道德感和宗教感而被观照出丰富的意义，常现奇迹。《互相不能给予的爱》《常人》《非常人》《深情》与《让座》，都是写的普通人，普通人的爱与悲伤、隐忍与温善，因为诗人的目睹和体察而散发着动人的光辉；《斜阳下》是他写给多多的诗。是在一次山行中，他在一种特有的山景与氛围中想起了多多："我在山路上遇到一个人，他的背影/酷似你，特别是他那头白发，/他那副倔强而微弯的肩膀"，寥寥几笔，便很清晰地绘写出了多多的精神形象。这是一首情感深厚、令人难忘的关于友谊的诗。而在《我的命运》《我又躺在》《洞背村》《致牛》和《三十八年》等诗作中，他又反观自我的日常，他的爱情、他的命运、他的精神与生存，都得到了时而坚强、时而锐利、时而又深含悲悯和自我慰藉的书写……就其对于生活的专注、就其饱含的人生启示、就其高度和纯正的严肃性而言，黄灿然的诗歌非常接近于马修·阿诺德所主张的人文主义诗学，我以为这在当下中国，正为所需。

关于敦煌的精神纪行

（叶舟：《敦煌纪》，《人民文学》2018年第2期）

在叶舟的文学与精神世界中，敦煌是其"诗的首都"。从他的《大敦煌》开始，不断读到他关于敦煌的诗。他的《敦煌：卷轴》系列中先曾发表的《月亮》《沙》《深秋》和《帐篷》等诗，读后令人久久难忘。我一直以为，因为有敦煌，叶舟是幸福的。他也曾经说过："穷人敦煌，像一万座恩情的村庄/将我带到中国的北方""敦煌，和我相遇在痛苦的北方/一见钟情于痛苦的心上"（《引舟如叶·副歌》），正是敦煌，使"痛苦"的叶舟获遇至福，拥有了一座无比的"首都"。我不知道能有多少诗人会有叶舟这样的幸运与幸福，能拥有一座这样的"首都"？

《敦煌纪》凡十七首，仍属叶舟的"卷轴"系列。他以中国绘画中的卷轴方式次第展开其关于敦煌的精神纪行，敦煌的风与尘暴与河流，敦煌的乌鸦、马匹、羊与骆驼，还有敦煌的寺庙、法会、磨坊……与以往的敦煌诗篇一样，叶舟写到了其"首都"内外的诸多事物，特别是像"佛陀""莲花""法会""佛龛”“经书”“菩萨”“金刚”“袈裟”“前世”与“来世”这样的事物和语词密集其中，构建了一个苍凉悲郁的敦煌世界。《敦煌纪》中有一首题为《寺》的作品，我以为很能够代表叶舟敦煌诗篇中的精神姿态——“耳朵一样的小寺没有出处/亦无香火　像一个疲惫的人/停在沙山外　灰心丧气//但我知道　它内心的天空/一直鲜花着锦　观听着/世上的声音　不发一语//偶尔　我邀约斑鸠雉鸡　以及/神仙们坐下对饮　更多的时候/带来扫帚和水　闭关三日”。叶舟于小寺，于敦煌，他的《敦煌纪》，正是深入和体察其“内心的天空”的精神纪行。

暗夜中的哀痛、持守与光辉

（朵渔：《星空辽阔，让我无言以对》，《山花》2018年第3期）

朵渔的诗歌经常以其谦卑与骄傲，以其交汇着哀痛与愁闷、欣悦与悲悯、正义与愤怒的深切情怀，感怀于人世万物。无论是我们卑微的生命，还是冗杂的日常，抑或是那些撼人心魄的灾难与悲剧，他都能够且俗且圣，向下且向上，以一己之浩茫接通天地，洞穿来自良知与灵魂的光芒，自然、率性、诚实，有奇崛的修辞，有超乎寻常的想象力，坚持和实践着他“以个人的名义，为世界/重新安排一种秩序”的追求与抱负。所以在这组诗中，个体生命的真实处境以及它的得救的困难与可能，仍然是其最基本的主题。星空之下，我们虚无、绝望，“我们在尘世，如此这般，写着我们的生/或死，写着人生的小确幸或小灾难”（《如此这般》）；“我们讨论着严酷的现实/和不可能的未来，似乎已无路”（《诗与生活》）；像是一群罪人，我们“走在流放的途中”（《罪人》）；“在新的救主到来之前/我们只能退回到眼泪里”，“在当前的寒冷中”，似乎“只有眼泪可作为/可燃物”，给自己以些许的温暖和勉强的光；即使是遗忘（《非人》），即使是欢爱与肉欲（《救赎》），也难拯救我们的生存；“我们都是活生生的死者，濒死者或/延迟的死者”（《无法拒绝的客人》）……我不知道——或许也能知道——为什么朵渔会有如此的哀痛？正如他所自问的，“我为什么屡次提到死亡”（《我为什么屡次提到死亡》）。但是在另一方面，不管如何，在朵渔的诗歌中，我们不仅向死而在，我们同时也在面向着星空。在暗夜中，在星空下，“万有在夜空中化为诸神”，我们仍然有“夜的光辉”（《夜的光辉》），

“那持守者的精神”，已经闪烁于“清晨的蓝光”（《一切，都还在建设中》）……

“彼此的泪水”“共有的心碎”

（欧阳江河：《泰姬陵之泪》，《收获》2018年第2期）

期待已久的《泰姬陵之泪》终于完稿，并且完整发表于《收获》杂志——这是欧阳江河的诗，却似乎是实现了我自己的一个心愿。

最早听说江河的《泰姬陵之泪》，是在2010年。当时我和诗人小海结束了在青海的会议后直奔苏州，与几位朋友一起讨论一个文学批评史的研究项目，正是在这次聚会中，我们在向《收获》杂志的主编程永新先生建议他们开设诗歌栏目的时候，听他说起对诗的关注，也听到了他对江河这首诗的大加赞赏。聚会结束后，我便找出刊有该作的《花城》杂志，发现此诗虽未终稿，但其非凡气象，已经有了很好的呈现。所以在后来，每次见到欧阳江河，我都会问及这首诗的续作情况，由衷地希望它早日完稿。因此收到这一期《收获》，打开后一看到这一首诗，便很兴奋，便想到了关于它的这些往事。在我的印象中，《收获》从未发表过诗，于今破例，很明显是因为早有因由，自然而然，也是佳话！

《泰姬陵之泪》当然是写眼泪，写的是被泰戈尔称为“永恒面颊上的一滴眼泪”的泰姬陵。在这首诗中，江河一方面以其历史想象力深入和穷尽“泪”之所指，极写“一个莫卧儿君王从泪水的柱子/起身站立，石头里出现了一个女人的形象”这一关于泰姬陵的诗之本事，他写“泪水流入石头，被穿凿，被镂空”，“泪水从圆到方/堆砌在一起，仿佛泪之门是大理石做的”……沙贾汗的建陵故事被诗人联系于印度莫卧儿时期的历史和地理、联系于神，淋漓尽致地叙述与咏叹；另一方面，他又将“眼泪”从所指抽向，在将其高度能指化后，复又以其非凡和独特的“词语想象力”不断弥漫、衍生，从个体自我到大千世界，天地神人，无穷的泪水异质混成，进而扩展到更多的所指——“这些夺魂的泪水，剜心的泪水，断骨的泪水”，“彼此的泪水/合成一体流”，共同表达着我们“全人类共有的心碎”。江河常写“事物的眼泪”（《玻璃工厂》），在他的充满悖论、诡谲和玄学气息的诸多诗篇中，关于眼泪的诗句经常令我印象深刻，那往往是动人的诗眼，是他堂皇雄辩的滔滔诗流中柔情和美丽的阿喀琉斯之踵，正是在《泰姬陵之泪》中，他将自己关于眼泪的书写推向了极致，诗歌史上，何曾有过这样的诗篇，像他这样写眼泪？

“黑暗中自省”，或“隐身在荒芜深处”

（孙文波：《午后画像》，《芳草》2018年第2期）

每一个时代，都要求诗歌有效的表达和精神的对称。我在自己的阅读中，也一直在做这样的寻找。在这样的意义上，孙文波的组诗《午后画像》，确实让我惊喜，让我感到深深的会心与欣慰。

在这组诗中，诗人随记行旅（《游恩施大峡谷随手记》《游武大校园随手记》《西陵峡口东望随手记》），写花（《花诗》《假装是诗》），写鸟（《等于是诗》《回忆喜鹊》《谈谈鹞鹰》《谈谈麻雀》），纪梦（《春梦诗》），纪日常（《2017年3月18日随手记》《午后画像》《2017年清明节随手记》），也以诗的方式谈论诗艺（《2017年的诗艺》《温柔的诗》）……所思所想，见闻与遭遇，皆可成诗。孙文波与西川、柏桦、欧阳江河和于坚等一样，诗歌技艺已至化境，在各自明确与独特的诗学主张和诗学策略的基础上，他们向世界和向所有的语言资源充分开放，万事万物，皆备于我，全都融汇于诗人的自我。

在对《午后画像》的阅读中，我最先被吸引、也最留意的，就是其中诗人的自我。这个自我，具有非常明确的自我意识，自我与世界之间的关系是其所要处理的最重要的问题，也是诗中最基本的焦虑。“重新布局……/我，只能把自己撕开看，/结果搞得折胳臂断腿，还是没有/看出与世界的关系。我不得不说——/让人沮丧，只好乱整一气”（《2017年的诗艺》）。在“重新布局”的新的境况中，诗人不无反讽、无奈且被动地自我调整，试图选择和确认自我与世界之间的主/客体关系。但在组诗中，我们不无沮丧地经常读到的，大都是诗人自我的挫败与溃退。对于诗人来说，自我之外的世界，无论是如上所述诸多诗篇中的花、鸟、人、事，还是海边风情（《溪涌沙滩纪事》），抑或是像“在伦敦、荷兰、西班牙港，在意大利……/世界上的其他地方”的“活的壮丽”（《2017年3月18日随手记》），诗人的叙写，扎实、细致、丰厚，复又具有必要的开阔，但是在根底上，在最后，总是回退到灰颓的自我（“阴影在室内弥漫”“经验告诉我，有一个我永远/无法进入的世界”），这几乎成了这组诗歌最主要的运思方式。端坐于黑暗中，在“黑暗中自省”，或者是像其中的有一首诗所写的那样，“隐身在荒芜深处”，似乎是诗歌中的自我最为突出的精神形象。时代浑茫，以此来回应，以此对称，莫非正是我们共同的宿命？

“它的香气里藏有我的灵魂”

（何向阳：《犹在镜中》，《作家》2018年第4期）

这几年来，很多批评家逐步显示出他们的诗人身份。他们早年对诗的追求，他们对诗的秘密热爱，随着他们诗作的陆续发表和出版，越来越为我们所清楚地知晓。我们的文学界，出现了一种可以称之为“诗人批评家”的现象，有一个叫做“批评家诗人”的诗歌群体。在这样的群体中，何向阳的诗歌写作尤其引人注目。

向阳是很卓越的批评家，一位非常卓越的女性批评家。她有脍炙人口的名著与名文，她有自己的文体。《朝圣的故事或在路上》《自巴颜喀拉》《肩上是风》《思远道》……很多朋友经常会说起她的这些著作，留意到这些书名中的“道路”意象。实际上，“长风”“远方”与“道路”，也很经常地出现在她的诗中。向着远方，奔赴长旅，是何向阳的诗歌每每常见的精神形象。在这些形象中，我最难忘的，是她的《歌者》一诗中所写的“脚夫”——“那个赶路时频频回首的/脚夫/扛着一面破旧的旗子/一路歌唱”。这样的形象，隐含着她的诗歌中两个不同的精神侧面：一方面，“脚夫”在赶路，他“扛着一面破旧的旗子/一路歌唱”。他有一颗歌唱的灵魂，昂扬、乐观，即使经历了很多磨难与艰险，旗子“破旧”，他亦有着青春或勇士般的豪迈；另一方面，他却又“频频回首”，有所系念，有所眷顾。《犹在镜中》所更多地体现的，恰好正是后一个方面。

在向阳的组诗《犹在镜中》里，撤离和返回，成了她最主要的精神姿态。在《撤离》中，她要从“梦魇”“争执”“妥协”“混浊”“冷漠”“倦怠”“哀痛”“出卖”“仇恨”“欺凌”“屈辱”“罪孽”和“迁就”中撤离，她拉出我们人生中长长的一份“负面清单”，断然地要从它们撤离，“直撤到/云淡风轻/海阔天空/再退到/心意合一/齿白唇红”。在《十年》里，她渴望着“返回”，拟想着自己“也许真的能够返回/折身至一片叶子/之中，筋脉消瘦/强韧，可以历经岁月/之长，返回悲中之喜”，可以“领受真的/宝藏，领受极地/之上，那光的/照彻，全然/无畏，温柔地/抹去重创”。即使是在《动身》这样的诗题中，“动身”一词，所指的也不再是奔赴与出发，而是渴望着回返她的庭院、她的家。她系念和神往于寻常的生活、安宁的生活、诗的生活（《即景》《抵达》《所爱》），牵系与忆念着“后山”上的花——“该动身了/后山杏花、玉兰/桃花、早樱/山楂、海棠/它们一个个开花/一次次提醒/时候不早/田园将芜/归乡的脚步/没有谁能够拦阻”（《动身》）。正如她在诗中所说的，这些花们，那“后山的杏花”，“它的香气里藏有我的灵魂”（《后山》），她眷恋着它们，她想回家——向阳所要撤退到、所要回返的，该是一个多么芬芳、多么亲切与迷人的所在啊……

“首先让每一个自己光明起来……”

（沈苇：《沈苇的诗》，《诗歌月刊》2018年第5期）

在一篇关于沈苇的文字中，我曾认为，作为一位来自江南的书生与才俊，沈苇对新疆的每一次深入，都在塑造着他的自我；他和新疆的自然、历史与文化的每一次交流与对话，都对他的主体有所丰富、有所发明。他以他的写作，确立了一个开阔、深厚的自我形象。沈苇的形象包含着丰厚的文化内涵。青年时代，沈苇从江南奔赴新疆，他的血脉和他的精神性格，已然浸染和饱蕴着江南文化。他所投身的西域文化，不仅在文化精神与文化风貌上迥异于江南，它的内部，也“混杂”着诸多不同的文化类型。沈苇的写作，实际上是发生于中国本土内部的跨文化实践，这样的跨越，以一种饶有意味的混杂的方式、综合的方式，积淀于他的诗歌主体。

这一组《沈苇的诗》，从《旷野》中在天地间“怆然独行”的主体出发，接着又在《所谓自述》中进行着对“自我”的哲理性追问，有意无意间开启了一个重要的主题。在接下来的诸多诗作中，沈苇在阜康故地重游，忆念自己初到新疆凄惶时代的知交故旧（《阜康：故地重游》）；他在《周末愉快》《炎夏》和《寂静》中，记述和体味日常生活；在《海》《西樵山》《海寿岛》《摩围山的云》和《蚩尤：苗寨》中，他写到了自己的广阔游历；而《乌镇》《西边河》，特别是由十二首短章组成的《德清散章》则写的是江南……江南于沈苇，魂牵梦萦，无论是在《西边河》中，还是在《德清散章》中，都能读到诗人的感伤——“漫游了四面八方，游子累了/只想在山里有一个家/劈柴、种菜、腌制咸蹄/溪水淘米，像温和的朱炜/爱着螺蛳和桃泥……”（《德清散章·4》）。但同样是在他的感伤中，我读到了光明——“志浩兄在新市大雨中说：/‘首先让每一个自己光明起来’/漫漶的绿，总有一些亮起来的树/比如碧坞村的一棵银杏/通透的鹅黄展开帆和翅/鼓满山野走散的风/落叶盘旋，像鸟儿凋零/那神圣的美学搏斗……”（《德清散章·2》）。兴许是在沙漠见惯了黄，在这组诗作中，沈苇行迹处处，触目所见，非常敏感于“更多的绿”，而在上述短章中，他却又注目于在“漫漶的绿”中“亮起来”的一棵银杏，正是这株银杏，在绿色的背景上突显着光明。无论置身于怎样的背景，无论这些背景是他所面对与跨越的江南与西域，还是在这组诗中甚至包括了海洋和苗寨的更多的所在，沈苇的诗中都有一个“自己”。沈苇的“自己”融入背景，却又能从背景中相当清醒地突显与超拔出来，让“自己”凝定，让“自己”光明。开启对自我主体的体认与追问，《沈苇的诗》，理所当然地结束于一个结论般的“箴言”——“首先让每一个自己光明起来……”！

“我喜欢温和的甜”

（颜梅玖：《最好的时光》，《作家》2018年第6期）

“我喜欢温和的甜”——“我已不再年轻/我喜欢温和的甜”，这是颜梅玖的诗作《岩蜂蜜》中的诗句，似乎她在年轻时也曾喜欢过另外的事物，譬如激烈，譬如苦，或者甚至浓烈的甜。在颜梅玖主要收集于《玉上烟诗选》和《大海一再后退》等两部诗集以往的作品中，依稀可见以往的她，很多孤独，很多悲伤，也有决绝与虚无。但在新近发表的这组诗作《最好的时光》中，她的诗风要更加柔和，恰也似有着“温和的甜”。

《最好的时光》二十一首诗，都是诗人的近期作品。在这些作品中，诗人写日常，纪流年，行旅和光景中常有所思，她很用心地体会着世界温和的甜。《岩蜂蜜》写从“偏远的大凉山”寄来的蜜，她品味着它“自然而然的甜”，她从小蜜罐中，“闻到了苹果花、索玛花、胡豆花、桉树花/和野藿香的味道”，“开始觉得命运的款待有时也是温柔的”；《建盏之诗》，则是写朋友寄来的建盏，她凝视着它们“古老的寂静的美”、华丽的美，享受着温暖和美好的友情。颜梅玖很善于书写日常。在《雨水节》中，“房间里开着暖气”、“窗外的雨声”、诗人所沉浸其中的“小说的细节”和银耳羹那“弥漫了整个房间”的“香甜的味道”自然融合，氤氲成一种既很家居又舒适与文艺的日常的情调。而《田子坊颂》和《最好的时光》，则像是一帧帧素描、一帧帧画，将上海的两处旅游场所泰晤士小镇和田子坊写得真切细致、光影如幻，散发着令人迷醉的气息。我很喜欢颜梅玖关于自然的诗篇。她很喜欢自然，认为“对自然万物要怀着敬畏和感恩”，应该“走向大自然”，“亲眼洞察它”（颜梅玖：《大海一再后退·边写边想》）。她说自己“喜欢在山间的小径行走”，“在大山里，可以把灵魂打开”（（颜梅玖：《大海一再后退·我始终在窥视那条荒芜的小径》）。这组诗中的很多作品都写到了自然，花草树木、日月和风雨，时常出现于诗中。《旋舞》《白鹭》《立春》《清明之诗》《明珠湖寻仙鹤》《傍晚快结束时》《月亮之歌》《暴雨来临前》《非凡的时刻》……都是写的自然。她的这些“自然诗篇”，自然很美，能够见出自然的芬芳和自然的光辉，却更见出她的灵魂，见出一个素朴的、温和的、有着善意和隐忍的女性主体。她的这些诗中，总是会闪现出一些阴影，一些暗淡的时刻和暗淡的词。恰如我在前面所说的她的日常之诗、纪游之诗，实际上也都隐现着伤痛，暗含哀愁。这些伤痛与哀愁，这些我们的生命中都曾拥有、无以逃避的种种阴影，使得颜梅玖的诗歌更富层次，更多内涵，也与她的柔美诗风，与其诗歌中的“温和的甜”构成了张力，意味深长。

悲悯于人世间“庄严的小命”

（张二棍：《张二棍作品》，《汉诗》2018年第1期）

“小命庄严”，来自于张二棍的诗，是他关于芸芸众生特有的体悟、特有的修辞，也是他所念兹在兹、常有述及的最基本的价值观。在他的心目中，有情众生，皆都平等，皆有一颗颗令人悲悯的小命，且都有尊严。在张二棍的这组作品中，譬如《夜车上》，譬如《矿工的葬礼》和《我的侏儒兄弟》，与其以往的很多作品一样，悲悯所向，都是卑微的草民。在《夜车上》，他以加、减、乘、除这些取自数学的独特构思，揭示和书写了“一群疲惫的身体”、一群民工们的生存真相。《矿工的葬礼》，则是写一位“腿早就被砸断了”的矿工遭难之后的艰难生存，写他因此导致的家庭变故、老母亲的苦难。矿工矿难，经常引起人们的关注，也常在诗中有所书写，二棍的构思与他的情怀，则非常特别，于悖谬中来表达极度的愤怒、极度的人道与同情。二棍的同情深厚浩大，可穿越时间，及于亡灵。他写母亲上坟，写过世的姥姥与母亲之间足以穿透黄土的暖意与深情（《寒流》）。《拆长城》中，他以逆向式的决绝与断喝，要将悲悯和正义溯及历史，重整人间——

> 把长城拆开。把城墙、门楼、瓮城，依次拆开/拆成一堆堆砖瓦、一副副榫卯、一粒粒钉子/拆出其中的铁匠、木匠、泥瓦匠/再拆。拆去他们的妻儿、老小、乡音/拆。拆去他们枯槁的一生。拆去他们身上的/血泡、鞭痕、家书。用苛捐、徭役/用另一道圣旨，拆。拆，一个朝代，接一个朝代/一个口号，接一个口号。来，把长城拆开/把宫阙拆开，把宋元明清拆开，把军阀拆开/一路拆。把大厦，把流水线，把矿井/统统拆开。拆出那些铁匠、木匠、泥瓦匠/拆出他们身体里深埋的，长城、宫阙、运河/拆出他们身体里沉睡的陵寝、兵马俑、栈道/拆出他们伤痕累累的祖先/拆出他们自己。拆出你、我/拆出我们，咬紧牙关/涕泪横流的子孙。

二棍的悲悯是有我的悲悯，他从来没有置身事外。他既是穷苦祖先们“涕泪横流的子孙”，是受尽羞辱的侏儒的“兄弟”（《我的侏儒兄弟》），也是《夜车上》的那个“醒着的人”。他的悲悯更指向自己。在《我老了》《茫然书》《弥漫着》《寂静帖》《黑暗中，我摸到了空》和《山野书》等作品中，都有着一个自我悲悯的主体。此世的“我”，“我”的身体、“我”的痛苦、“我”的虚无，“我”的蜉蝣一般短暂的小命，都成了他自我悲悯与考问的对象：“我注定/没有那么多的好时光/我注定，只能对着前一秒的我/不停反驳，谴责，厌倦……/我注定，在这反复无常的坊间/耗尽这歧义重重的一生”（《山野书》）。并不是在理性、启蒙或现代主义自我分裂的意义上，而是在深广的悲悯中，二棍的主体具有了深度，具有了复杂性，这是二棍的诗学最为重要，也最值得我们重视的地方。

“在淡泊和默默无闻的缝合中”

（梁小斌：《梁小斌的诗》，《诗歌月刊》2018年第7期）

2018年第7期的《诗歌月刊》推出关于“朦胧诗”代表诗人梁小斌的专题，刊出其诗作16首和诗人黄玲君对梁小斌的访谈。在刊首的“主编寄语”中，主编李云以“新的姿态扛鼎而起”来高度评价梁小斌“冬眠”之后“再出发”的重要意义。“朦胧诗”落潮后，大多数当年的“朦胧诗人”都由“朦胧诗”这一共同体回复为个体，命运与道路各各不同，诗歌成就与各自的诗学取向也有很多差异，梁小斌的沉潜与切实，尤令人尊重。

“朦胧诗”之后的梁小斌，很早就对“朦胧诗”率先作反思，认为“必须要怀疑美化自我的‘朦胧诗’的存在价值和道德价值”，这样的观点在1980年代中期提出，非常独特，且令人震撼。现在看来，他的反思确实是直击要害，对准了“朦胧诗”的核心问题。在我个人的观察中，无论是作为群体，还是个体，“朦胧诗人”们的作品中，既有真实与独特的个体自我，也有那些以国家与文化等宏大话语“浮夸”和“美化”了的空洞、虚假的所谓“自我”。梁小斌反对美化自我，追求个体真实，在他后来的写作与思考中，继续了“朦胧诗”最有价值的方面，这不仅表现在他的《地主研究》和《地洞笔记》等思想随笔中，他后来的许多诗作，同样也有突出的体现。

这组“梁小斌的诗”，最引我注意的，就是其中突出的个体。这是一个真实、平常、行动着的个体。这样的个体在日常中，在细碎、庸常的日常生活中显示着他的意义，显示着光辉，如同我们邻人，如我们自己，有着非常清晰的自我形象，温暖、切实，而又迷人。而且，我以为更加重要，也让我更加会心、感奋与欣喜的，他又是一个行动者。梁小斌在与黄玲君的访谈中说自己的诗“的确在召唤着人应该行动，在召唤着人们如何去行动”。这是我们的诗歌中很少见的主题。在《一种力量》中，他写“打家具的人/隔着窗户扔给我一句话/请把斧头拿过来吧//刚才我还躺在沙发上纹丝不动/我的身躯只是诗歌一行/木匠师傅给了我一个明确的/意向/令我改变姿态的那么/一种力量/我应该握住铁/斧柄朝上/像递礼品一样/把斧头递给他……”，像是一个隐喻性的场景，诗人因行动者的召唤和所给予的力量而“改变姿态”，起身行动，“握住铁”，而体会和领悟到行动中的诗性。《修理风筝的人》《园丁叙事诗》《两种温暖》《优雅》和《列夫·托尔斯泰》等作品中，都有一个从事着日常劳作的个体形象。在《园丁叙事诗》中，那是一个“正在捆绑扫帚的人/形象很忠诚”；在《两种温暖》中，则是一个“挥动斧头”，将柴禾送给别人取暖，自己却从劳作本身获得温暖的“劈树根的人”。读这几首诗，我一次次地为这些形象所感动。他们不仅在劳作，是质朴和勤勉的劳动者，还以劳作给世界以爱，特别是试图将破碎的事物和我们也许破碎的世界尽力“缝合”。像那个捆绑扫帚的园丁一样，“修理风筝的人”是“要让折断的骨架重新愈合”（《修理风筝的人》）；托尔斯泰——那个写过《鞋匠马丁》、确曾会做鞋的列夫·托尔斯泰，则是在晚年希望自己能做一个鞋匠，倾心于“在淡泊和默默无闻的缝合中”（《列夫·托尔斯泰》）……他们的缝合“质朴”而“优雅”，有着一种“自如”“流畅”的“娴熟”和令人敬重、美好的“安详”（《优雅》）——我忽然想起萨义德曾经说过，一些艺术家的晚期风格会有“一种特殊的成熟性”“一种经常按照对日常现实的奇迹般的转换而表达出来的新的和解精神与安宁”，以此来看梁小斌的诗，似乎正是如此。梁小斌以诗的方式来召唤行动、赞美劳作，尤其是很突出地倡导“缝合”，沙聚之邦，在我们的切实行动、“在淡泊和默默无闻的缝合中”，祈愿得转有新的可能！

“普遍黑暗的年代，也有微光”

（谷禾：《世界的每一个早晨》，《山花》2018年第7期）

“普遍黑暗的年代/也有微光”，这是谷禾《普遍黑暗的年代》中的诗句。它让我想起谷禾以往的诗中关于黑暗的写作，比如《一盏灯从黑夜里递过来》《仰望星空的人》《在长途汽车上读扎加耶夫斯基突然停电》，特别是其长诗《少年史》；也让我想起谷禾同样也很酷爱的西姆斯·希尼的诗句——“我写诗/是为了认识自己，使黑暗发出回声”（希尼：《个人的诗泉》）。“使黑暗发出回声”，哪怕是用光，用也许显得些微的光，也足以洞穿黑暗，回应和抗击浩大无边的黑暗。

《世界的每一个早晨》中的十来首诗，几乎每一首都写到光。《旁观者》中，光是烈火，它燃烧在冷冽的冬日和海潮退去、灯塔熄灭的时刻，旁观者的惊人的冷静，越发彰显出光与火的热烈与伟力；《在深夜》中，诗人端坐于“漆黑”，观察与辨认灯的光、水的光，领悟尘世，感受命运白昼一般真切的痛楚。

谷禾多次都写到雪：他写自己在“天色阴沉”中等待着雪，期待着或许还在途中的雪的光芒——“一个词的光芒”；而在《雪的消息》中，他欣喜于好友终于从新疆“捎来了关于雪的消息”。我总觉得谷禾诗中的雪与俄罗斯作家、诗人作品中的雪有着深刻的互文，这不仅是词语、修辞与意象的互文，而且更是精神的互文、命运的互文。因此他在《雪的消息》中，能联想到安娜和玛琳娜的命运；在《午后记》中，“命定的雪”不仅能“带来凡·高的星光夜”，更是让诗人在对雪的期待与想象中沉浸于某种凝重的氛围：拉拉、日瓦戈、托尔斯泰……这些俄罗斯文学史上光辉的名字，与诗人的自我从而发生了一种深切的关联，某种神启，如同“一个词的光擦亮了诗歌”，陡然照彻了整个诗境，使诗人的午后获得了严重和非凡的意义，也使这一切迎面撞向现实，“遭逢了轰隆隆的北三环路”。当下中国的诗歌界，谷禾是一位非常难得的具有自觉与清醒的现实意识的诗人，他曾说过“诗歌当然不是现实本身，但诗歌必须根植于现实，并且必是现实的回声”；他还说过“诗人不是先知，不是上帝，更不是救世主，他最大的可能是让自己发光，照亮世界的一个微小角落”，诗人“要用你勇敢的诗去尝试撞击黑暗的世界，并倾听它发出怎样光明的回声”。谷禾的主张，不禁让我想起布罗茨基关于诗与现实的思考，他说“在历史发展的某些阶段，唯有诗歌可以应付现实，它将现实浓缩为可以触摸、心灵可以感受的某种东西”（布罗茨基《哀泣的缪斯》）。在这样的意义上，谷禾兄所突出、标举与想望的光，是否正是这样的“浓缩”？是的，在谷禾的诗中，我看见了许多光，我看见了“微光握紧的拳头”，在“普遍黑暗的年代”（《普遍黑暗的年代》）……

“一个在暗中，不断过滤的自我”

（叶丽隽：《野渡》，《人民文学》2018年第9期）

在我的印象中，叶丽隽沉默、内敛，不知确否？

——是在一次会议上，我与叶丽隽匆匆见过，亦未交谈。但在此前的2013年，《扬子江诗刊》曾经与《文学报》《诗刊》《花城》等报刊搞过一个“六刊一报新世纪诗歌作品联展”，叶丽隽的诗被重点推出，时任主编子川先生嘱我对联展做一个述评，因此我得以较为集中地阅读了叶丽隽，发现她的诗作“生命的俗在与停滞经常会在动的自然与动的世界中予以表现，并且与它们内在呼应”。

我发现叶丽隽的诗是那么优秀、那么独特！她的《春水吟》和《我记得这茫茫芦苇》，都是很多朋友所熟知的名篇，也很突出地体现了她的创作特点。这次读她的新作，又一次感受到她的诗中个体生命与自然万物之间的内在呼应。她的自我总是在俗世中、在自然里，生长、“攀爬”（《易弦记》）、“婆娑”（《将饮》）、反刍（《野蕨》），暗自在内心里隐忍、自省（《败酱草》），渴望着救渡（《野渡》），“觊觎”或向往着某种更加激越的状态（《春夜微醺》《激动史》）。我惊讶于叶丽隽会有如此突出的自我意识，且将这种意识时时处处地自觉、贴切地呼应于自然。

除了一些特殊的情况，叶丽隽的自我总是很弱，谦卑、真实、低调，很少昂扬。但无论是何种情况，她的自我又总是呼应于自然，生命与自然时时处于神秘交流和互为启示的状态，正是在这种交流与启示中，心灵的体验与人生的思考得以丰厚、得以提升。《败酱草》一诗，简直就像是诗人自我的写照——

……我已远远地退后
败酱草一样
埋首于人世的低处
在苦涩的陈腐气中，沉溺并懂得
山野之间，有着本然的救赎

几乎是一种呼唤呢——怀揣一腔虚火
我惦念着郊外
乱丛之下，那清热解毒的草木

诚如，再粗鄙的个体，也需要一个隐蔽所
一个在暗中，不断过滤的自我

叶丽隽于自然，极擅写草木。她在败酱草这里，发现了自己会心与认同的品格，“退后”和“埋首于人世的低处”，于“隐蔽”的“山野之间”去寻求“救赎”。但是在另一方面，她近乎又以草木为师，法于自然地反讽着自我。她

“燎泡上唇”“怀揣一腔虚火”，“惦念着”需要“清热解毒”——这是一个时时“在暗中，不断过滤的自我”。叶丽隽诗中自省式的“过滤”，使诗人的自我几乎在每一首诗中都有一次净化，都能得到有益的增进，同时也呈现出自我生命的真实与复杂。所以在《野蕨》——就是《诗经》所云的那“陟彼南山，言采其蕨”、“那卷曲，脆弱于世/又欲触及四周”的野蕨——中，她既从野蕨那里“回溯”向自己，复又在对“埋藏的自我”的“反复耕耘”中“升腾起火焰”。这样的“火焰”，也喻示着叶丽隽的自我中明亮的方面，如同《将饮》中的“悬钩子”，“它们依旧饱满、红亮”……叶丽隽常常会心于草木，呼应自然，但她的写作，又决不仅仅局限于此。在《野渡》《晨曲》《激动史》和《易弦记》等作品中，诚如我在前面所指出的，她的自我同样会在面对俗世、面对更加广阔的世界时转向自身，暗暗地进行对话、反刍和“过滤”，生成出一个新的自我——在我对中国女性诗歌的有限阅读中，还没有谁能够像叶丽隽这样具有如此自觉的自我意识和独特、美妙的自我生成机制。她在一些场合的沉默与内敛，也许也正是一种自我的保持，抑或生成？

女性主体，如此清新的母性！

（康雪：《康雪的诗》，《西部》2018年第4期）

《西部》杂志于2018年第4期的“西部头题”栏目推出“九〇后诗歌”专题，集中刊发田凌云、康雪、李梦凡和丁鹏等七位“九〇后”诗人的作品，颇引人注目。在我的心目中，“九〇后”一代总像是孩子，所以对他们的作品，虽然由于种种机缘也曾零星地读过，参与过以他们为主的文学评选，为他们的作品写过序，但是在潜意识中，总是觉得他们与写作这种“经国之大业”关系不大，待到越来越多地频频读到他们的作品，读到他们令人高兴的文学消息，才很理性地认识到，他们已经成长，他们长大了，他们很必然地会越来越成为我们的文学以至于我们社会的主角。

康雪的诗是第一次读，感觉技艺上虽然不那么纯熟，有些地方还显得较为生涩与稚嫩，但我觉得最有意义，也应该引起我们充分重视的，是其诗歌中不同以往的女性主体。她的诗歌有很自觉的自我意识。无论是写草木自然（《白露》《叶子》《木棉》《橘子》），还是写亲情或爱情（《礼物》《脚》）……每每突出的，都是自我。她甚至经常会写到此生此世之类的人生感慨，颇多伤怀（《深处的爱，都是苦的》《礼物》等）。这也印证了她关于诗歌是“对自我的呈现和剖析”这样的观念。

不过，康雪诗歌女性主体的独特之处，更是在于其中的母性。在她的《子宫》《胎动》《分娩》《渺小》《孤儿》《致》等作品中，或者是像《子宫》《孤儿》那样通过书写自我的生命起源来表现母性，或者更多地是在《胎动》《分娩》等作品中直接书写自己“成为母亲”的女性经验。康雪曾经有一首诗，题目就叫《成为母亲》，我以为很能概括她的特点。一种初为人母的喜悦（《分娩》）、女性的内心或身体中被唤醒的新奇、美妙和神圣的母性与爱（《胎动》《致》）、对小生命的怕忧与呵护（《渺小》）、孕育所引发的自我更新（《再爱》）——一种清新的女性经验，被康雪写得非常细致和具体。关于这一经验，当代中国女性诗歌史上较早突出的是张真写于1986年的《流产》。但在那一波女性诗歌的潮流中，女性经验的书写发挥着颠覆和挑战男性霸权的功能，而且在我的印象中，那时诗歌中母性意识的表达并不太多，女性主体中母性的方面因此也较为薄弱。在康雪这里，母性经验的表达不仅充分，也自然而然。她不需要颠覆什么、针对什么。她就是如此这般地书写着自己生命中特殊时期的一种未尝有过的女性经验。按照埃莱娜·西苏的说法：“生育是女人身体的一个令人激动的时期”（西苏：《美杜莎的笑声》）。由于这样的经验为女性所独有，客观上便能摆脱男性话语的侵犯，也弥补了弗洛伊德所云的女性先天性的缺失焦虑，用“孕产期”这一独特的女性时间，挑战了中外女权主义者所一直耿耿于怀的男性时间……所以在我们的女性诗歌史上，康雪诗歌中如此清新与突出的女性/母性主体，真的应该引起我们的重视。

“当时代中的乡土诗篇日渐没落”

（王夫刚：《满脸星辰的人》，《诗歌月刊》2018年第8期）

夫刚的作品很早就让我印象深刻的，是他的《异乡人之死》和《暴动之诗》。当时我正主编着一套规模较大的《二十一世纪中国文学大系：2001—2010》，试图将21世纪第一个十年中国文学中各种文体的代表性作品、理论批评和重要史料系统集成，我兼负责其中的“诗歌卷”，因此阅读了那一个十年的大量诗歌，初次读到夫刚的这两首诗，大为震撼，觉得这两首诗无论是于历史和时代，还是于乡村，于我们的诗史传统，都有着非常重要的意义，很能够代表我们这个时代诗人的良知与见证意识，便很珍惜地收录其中。至今看来，更加觉得这两首诗的可贵和自己当初选择的正确。

与以往的诗作一样，《满脸星辰的人》仍然是写乡村，是夫刚在“乡土诗篇日渐没落”（《每一片落叶上》）的时代中非常可贵的坚持。夫刚写农事，写自然，写许多在我读来倍感亲切的乡土景观。在他的作品中，无论是“太阳升上林梢，照彻桃园”（《桃园附近》），还是“槐花热烈地盛开”“热烈地凌乱”（《槐花凌乱》），抑或是“黄昏之后，低于月亮的山冈/迎来了遍地月光”（《望见山冈》），或者是“秋风浩荡”的时节，天空舒展，“有云飘过”（《致青春》）；无论是他写麦田中有“两个站着交谈的人”（《村庄以东的麦田》），还是写“开镰的日子，女人大声地/说笑，男人们已经开始盘算/麦收以后的去处。热风/一阵一阵地吹来，金色的麦浪/在他们心中起伏着，奔跑着/令大地眩目而又不安”（《村庄与人》）……他笔下的乡土自然和乡村生活场景，都会让我回想起接壤于鲁地的我的家乡，想起自己少年时代的乡村生活。《早春与少女》一诗，也很容易让人联想起戴望舒的《村姑》，但是其意境要更清新，要更明亮，却又都给我们留下了美丽的秘密。

“村庄与人”，自然是王夫刚乡土诗篇的写作重点，《满脸星辰的人》中，重点又在于亲情，在于对夫刚而言最为属己的伦理亲情。他写外婆（《献给外婆的诗》）、祖母（《献给祖母的诗》）、父亲（《田野上的父亲》《每一片落叶上》）、母亲（《写母亲》《再写母亲》《重返谷雨村庄》），都很自然地饱含深情，亦有很多令人难忘和属己的细节。但正因为属己，属于诗人独特的个体生命，所以，时代、历史、地域、血缘等多重性的时空因素集于其一身，也很丰富地交融于诗中，非常有效地表达了夫刚所曾念兹在兹的“个我”，建立了一个他自己的世界，他自己的“内心秩序”（王夫刚：《斯世同怀·自序》）。不过，也正因此，王夫刚的“内心秩序”和更深广的世界却又是相通的。大地永恒、亲情永在，时代和历史却变动不居。王夫刚的乡土诗篇很重要的特点，就是不避历史，在历史的风烟和深刻的转型中来写乡村、来写人。他的景象与人物，很多都潜藏着历史的因素——一如他的《暴动之诗》和《异乡人之死》。他很清醒地觉察到我们这个时代“乡土诗篇日渐没落”的现实，他也深知村庄与人们“在乡土的时代告白中请求发言”（《村庄与人》），甚至“仿佛最好的诗篇就在这里”，就在乡村（《村庄以东的麦田》），因此他的领命于诗，坚持着以自己写作来书写乡村、表达乡村，反抗“乡土诗篇日渐没落”的现实，就有了非常重要的意义，令人尊敬，也令人期待。

“我的人生开始做减法”

（赵野：《苍山下》，《钟山》2018年第5期）

赵野慵懒，一如鄙人。但赵野的文字，以一当十，胜过许多空阔的宏文。赵野为数不多的诗篇和他散见于其同样不多的对话、访谈与随笔中的见解，时常令我叹服。他于慵懒之中似不经意的话语出击，每每能够击中我们的时代、生命、历史与世相的本质，机锋与力道，寻常罕见。所以，“我的人生开始做减法”（《黄昏》），这几年来一直盘桓于我内心的念头一经他道出，不禁顿生出遥远的会心，亲切莫名。

减法的人生，意味着要砍去那些不必要的人与事。吾生有涯，虽然诚如鲁迅所言，“无穷的远方，无数的人们，都与我有关”，但是，我们并不应该让人生漫漶无涯地消耗于那些无益之事，忘却精义。赵野的减法，赵野的退，便源于其对精义的了悟。

以“第三代诗人”来命名“朦胧诗”之后的一代诗人，赵野是起初重要的发明者，其时他还发起创办了《第三代人》诗刊，虽只刊行一期，已很必然地荣入正史。不过赵野并不很在意，很快他便退出现场，隐身或游走于更加广阔的江湖：策展、从商，偶或有诗，直到前些年退居大理，于苍山洱海之间寻得其世外桃源。《苍山下》，正是赵野桃源中的诗篇。

但桃源中的赵野，内心果然有真正的安宁？“黄昏苍山让人心醉/我的人生开始做减法/这地老天荒的算术使结局/越来越清晰，年岁浩荡流逝/我们正在经历的每一天/其实就是最好的日子”（《黄昏》）、“苍山苍凉如故……/……我出入山水之间，俯仰成文/生命终要卸下重负/词语破碎处一切皆空”（《苍山》）、“想象一种传统，春日/天朗气清，我们几个/吟风，折柳，踏青草放歌/或者绕着溪水畅饮/我们会在冬天夜晚，依偎/红泥小火炉，看雪落下/此刻诗发生，只为知音而作/不染时代的喧嚣与机心”（《想象》）……赵野似乎是安宁的，却也好多创痛，好多不甘，他最好的生活，也得靠“想象”，靠对“传统”的“想象”来构建（《想象》）。通读赵野不多的诗篇，几乎就从1980年代青年时期开始，他就采取了后退的姿态，他说“我或许应该走得更远/直到宋朝”，“空气中的/优雅和颓废，以及娇慵的湖泊与明月”（《冬日》），让他迷恋。“桃花流水悠悠”，他说“吾从周”；“长空深闱幽幽”，他说“吾从宋”（《剩山》）。赵野的内心，充满着永远无法摆脱时间的焦虑。而亘古如斯，我们的宿命，我们的悲剧就是，根本没有抽象的时间、纯粹的时间，过去、现在、未来，传统、现代性、时代，他人、自我、生命……一切全裹挟于时间之中，是时间性的存在。所以在苍山之下，即使是在“独自”的时刻，赵野也难忘却时代，难以不挂碍于“大地上/奔腾着粗鄙的现代性”（《独自》）。所以，基本上就是这样，赵野先知般地从1980年代开始，就与我们这个时代奔腾不已的现代性生发出紧张，并将这种紧张落实和体现于其人生姿态与诗学选择，做减法、往后退，文化与人生根本一致，形成了一种文化保守主义的精神立场，相对于21世纪以来取此立场的诸位朋友，允为先觉！

（原载于《诗歌月刊》2018年第4、7、8、10、11期，此序有删节）

一　生

◎斑　马

从童年到成人
我看见最多的事物
一直都是星星
它带来一种更宏大的世界观
使我知道
自己并非处在某个具体的行政区域内
而是一直生活在茫茫宇宙中

（原载《汉诗》2018年第2期）

夜

◎叶　提

黑暗中，我们共同望着一棵光秃的杏树

秋天时你曾摘下它酸涩的果，软小
犹如一条游于掌心的金鱼
我想起我们在指缝中度过的数日

你识破了果核中的语言
记忆里的湖水切割着
承诺之桥，潮湿的云吸收十一月、十二月

而此刻，冬天的雪夜，杏果
早已成熟而溃败，
你的沉默溢出你的身体，流经
黑暗的周长。在泛着银光的土壤中

你望向我，并在我的眼中
重塑了你的面容

而我，则在陌生的枝丫中辨认出铁

（原载《飞地》2018年8月号）

诗咖啡

◎紫　萱

一群人在大酒店
秋色正好
一眼，我便望见了一段故事
朗诵，有酒的激昂
柠檬的香
可不可以再苦一点
再涩一点
如挂在枝上的青咖啡

（原载《第三说》总第9期）

维特根斯坦的下午

◎严　彬

他突然站出来，他说——
　　我们度过的这个下午如此败坏
　　我们不应该这么活——
　　至少我不应该，他说——

他说任何事都不可忍受
除了创造伟大作品
或欣赏别人的伟大作品
而他一事无成
并且永远也成不了

（原载《作品》2018年第5期）

普通生活

◎康　雪

一只小松鼠从树上跳下来。满地的松针
又软又凉，它为自己没有发出声音
感到孤独。它抱起地上的松塔，漂亮的松塔
它为没有参与的童年，感到失落。

好在它又爬上树杈，早晨的阳光又像爱一样
透过缝隙照亮了它的脚趾、它的尾巴、它的
小眼睛里，无边无际的波澜。

（原载《扬子江诗刊》2018年第1期）

忏悔录

◎熊　焱

按照正常的寿命，我将苟活七十年
或者八十年，甚至一百年

现在我二十六岁，还有几十年漫长的光阴
我难免和朋友反目，和亲人结怨
和我的敌人与对手斗争
为小小的利益斤斤计较
这一生，我一定会做错很多事
一定会愧对很多人
哎，活在浮世，我有着太多的无耻
太多的贪婪、自私和虚伪
一定有人骂我，有人恨我怨我
有人在明里暗里地整我和算计我
那便由他们去吧，别去报复了
这些牵牵绊绊的恩怨和情仇
在百年之后，不过是一缕清风一把尘土
从此刻起，那些对我的恨
对我的仇、对我的攻击和伤害
全都抛弃吧，算了吧
我原谅他们，却不敢宽恕自己

（原载《诗探索·作品卷》2018年第2辑）

如果衰老

◎尘　轩

一部分往事，像铁一样生锈
另一部分，像不锈钢一样锃亮
它们敲起来都响，回声有时间的绵长
带上雀斑、黄褐斑、老年斑
不押韵、不工整、不讨巧地活着
活得像一首被生活喂大的诗
热爱粮食，可适当吃些粗纤维的食物
老旧的日历不必放到洗衣机里清洗
上面的旧时光，都会自动翻新过来
城市光秃秃的，像是已经谢顶
乡野足够荒凉，像被世间遗忘
如果够得上聪明，就不去联想自己
所有的人都会衰老，所以要年轻地活着
积攒好所有的阳光、微笑、拥抱……
如果衰老，是因为活得不够缓慢
当鲜花覆盖肉体，请免去多余的悲伤

（原载《星星》2018年1月上旬刊）

废　墟

◎蓝　紫

傍晚走过建筑工地，看见
夕阳的余光中，一排裸露的钢筋
矗立着，仿佛土地里生长出的
一条条毒刺，伸向茫茫苍穹

几个月前，这里还是一小片树林
清晨有露珠从叶片上滴下
小鸟的歌声婉转悠扬
我喜欢在这里
仰头看树叶中细碎的月光
听昆虫在黑暗中细小的鸣唱

现在，零落的砖瓦和石块在夕阳中安静极了
面对未来成为废墟的命运
它们潜伏着
有比我更为长久的忍耐之心

（原载《海峡诗人》2018年春季号）

一种工作

◎周　鱼

黑船，在江面上航行。就像是
昨晚看见的那一艘，都悄无声息，
徐缓，不知不觉地插入夜的内脏。
也许就是同一艘。这么完好。
一个永恒、不变的事物正让我们
继续，以及不出声。不因为
别的，它本身就是沉默。

（原载《海峡诗人》2018年春季号）

很多事物，到中年才会想起给它们正确地命名

◎窗　户

一簇簇白花开在山谷
路上落着花瓣
清泉旁的石块上也落了一些
带着小之
一路往山中行走
我没有为这些小时候就熟悉的花而惊奇
小时候啊，我在山中砍柴
经常被它绊倒、刺伤。但真不记得
它在风中带来的
一阵阵芬芳，如此浓烈而甜蜜……使整座山充满回忆
回家后我在网上查到它叫金樱子

（原载《鸫丝》2018年5月号）

小花野史

◎易　翔

她从山上采来一把野花
对镜自览时，把花也放在镜子前
“让花也看看它自己”

她为自己的行为哑然失笑
花朵需要镜子吗？
“自然之物无须映照自己”

江河奔涌，日月生辉
都忙着将自己向世界呈现
从不顾及起落的面容

“爱美， 因此被镜了所缚”
她在心中将它打碎
把自己像野花一样扔进尘世

（原载《诗潮》2018年第6期）

关　系

◎袁永革

几年前，
医院的病室
灯光清白
我被切开，
为的是
取出一些珍珠样的
小小病瘤。
我听到人肉
被切开的声响
感觉自己
是一张麻袋，
被抽出一根
致命的粗线。
两个月后，
我将再次被切开，
为的是取出一个
小小的、新鲜的
尚未来到人世的
婴孩儿——
她将是我的女儿。
我不知道
这肉体里面
还将藏有多少
应许的秘密。

在一整个人生里
缓慢地孕育
小小骨骼企图建立
与窗外那些树木
和河流之间的
连接。

（原载《青春》2018年第6期）

一个日常的傍晚

◎叶　琛

从窗台望去
田野和远山显得尤为空旷
这种寂静里流出来的感觉，轻盈、自由
仿佛停在花瓣上的一阵微风

春天了，泽地的水芹多么得意
它们并不在意秩序，一无所知地生长
它们偶尔的摇晃
惊扰着漫漫黄昏

——多么日常的景色呵
只是恰好被我轻轻触见。好像多余的事物
忽然被提及

（原载《浙江作家》2018年第5期）

写　信

◎何瑶兰

写一封信和写两封信，有什么不同呢？
窗外，一只鸟如是问
青黑色的

我没有理它
只任凭十二月在蓝色的信纸上　遗留下
它白色的叹息
比如一件连衣裙和一段C和弦的私奔
而和弦D
正和接骨木倾诉衷肠
比如从干枯的藜芦丛里　溜出来的风
将我红格子的衬衫掳走
又送回来

再比如那只青黑色的鸟
破开窗子　大摇大摆走进来
叼走了我　和我的信

（原载《山花》2018年第9期）

山中偶记

◎刘　浪

阳光，云，带浮力的下午……
火车如雷霆滚过山中，煮沸了
我手里的咖啡。我，在摇椅上坐拥
四面群山，天空被围成一潭
幽深的湖水。当风的嘴唇抵住
树叶的簧片，骑马人用扬起的皮鞭
向外翻译他的激动，一只飞过的鸟
有了鱼的表情，并很快从我的视线上
脱钩，消逝，比念头更迅捷——

（原载《广西文学》2018年第7期）

如何谈论爱情

◎丁　鹏

如何谈论凉爽的大气，在你吐露
芳名以前？如何修剪你的名字，当
每一支笔画都节外生枝？如何欣赏
压弯发丝的樱花风暴，天空泛起
的白色泡沫？如何切割漫长的夜晚
以失眠的钻石，抑或梦想的闪电
如何谈论一个名字，萃取词语中的
糖？如何走入语言的房间，谈论

无法被命名的事物？如何谈论爱情
离开你每一寸肌肤、每一次睫毛
的闪动、每一道声线、每一次分离

的遥远？如何谈论消失了的事物
只剩下词，像黯然的陨石？只剩下
轻飘飘的时光与一场缓慢的遗忘

（原载《人民文学》2018年第5期）

决　策

◎田凌云

比如画画，是一种审美的决策
写诗，是一种抒情的决策
再比如我，是一种存在的决策
他，是一种反我的决策
比如早晨，是救赎的决策
我们，是他们的决策
可是那么多的荒芜，还写满锦绣的山河
安全出口，不过是绝望的反刍
我们在不同的捕获里撞壁，吃着不同的烂菜叶
让米饭都住在，离嘴最远的背部
如低头的断手，可爱的面包圈
寒气包裹着它们，我们不叫寒气
而今夜，我们丢失了被子，在月光的安抚下入睡
我们被掏空肚子，没有任何生病的
可能。直到被绝望之手宠幸
我们薄得，如一片枯叶

（原载《扬子江诗刊》2018年第3期）

关于黑暗

◎路　东

我们对黑暗所知甚少
自从写出称颂阳光的句子
就习惯了敌意黑暗
在汉语，为在光照之地
看见了不起的事物
我已在象征主义句式里
虚度了大半生时光
光芒不及处，什么被庇护
在拒绝中，泰然让之
我们对黑暗，所知甚少
黑暗之于我们
它的幽深，甚于词语
也许，大地上取消了象征
滋养力饱满的黑暗
才是其所是

（原载《扬子江诗刊》2018年第3期）

生命是场盛大的荒凉

◎离　默

盛大的荒凉
绽放如热烈的花海。我知道
在看不见的深处，时间堆积我们的荒凉
它们在寻找出口，在洞穴黑暗处，沉溺，伏击，爆发
我用词语不断组合，试图找到永恒的出口
在手里，握紧光
幽暗，执着，如此诱人
像世上大多数人无法体会的愉悦
我为此热泪盈眶
荒凉啊，荒凉，我心深处的荒凉
吞没我，吐出我，吃掉我，改变我
而我，如此感激
这一场战斗，我将你
用诗歌消解。用爱，给你。

（原载《作家》2018年第6期）

敞　开

◎莫小闲

阳春三月的山坡，桃花烂漫
竞相向春风敞开自己
一个个故事就开始重见天日
我所坐的长凳上
还敞开着一个人的位置
只有阳光裸露着，坦坦荡荡
我不时四处张望
渴望一个陌生人，朝我走过来
在我身边安静地坐下
无须任何言语，在春天
风经过花丛，都是寂静
我们都不应该发出多余的声音
而空气当中，会多出缠绵的气味
就像，不请自来的昨天
在这个下午，它们挨着我坐了好久
周围没有一丝风吹草动

（原载《蓝鲨》2018年第1期）

恐 惧

◎冯 娜

把手放进袋子里，我的恐惧是毛茸茸的
把手放在冰水中，我的恐惧是鱼骨上的倒刺
把手放在夜里，我的恐惧就是整个黑夜
我摸不到的，我摸到而感觉不到的
我感觉到，而摸不到的

（原载《蓝鲨》2018年第1期）

听 海

◎李　壮

从很远的所在，海把它的巨大
直扔在我的脸上
——用层层叠叠的浪

而风是海延伸的手臂
在两道门的窄缝里
它攥起拳头嚷着

时近午夜，　白天被光明吃下的巨响
在黑暗的抽搐里——吐出
那声音多么坚硬

是伟岸的事物将自身折叠时
发出的怒吼：
有力，并且分明

（原载《扬子江诗刊》2018年第1期）

墓志铭

◎庄　凌

很多人生前就写好墓志铭
死后寂寞，活着就想被记住
我没有这么大的野心
更别说无字碑
功与过、对与错都留给后人
我只想做一介草民
安静地卧在一片野花丛中
只想闻闻花香，追追蝴蝶
远离热闹与虚伪

做一只孤魂野鬼没什么不好
活着从不计较什么
死后也无牵无挂逍遥游
如果多年以后还会有人经过
记起我写下的某一句诗
我该觉得幸福
人世中总有很多的陌生人值得感激

（原载《天涯》2018年第4期）

锯·木

◎陈安安

钢的锯，发出锋利的吼叫
不发一声的木，在挣扎般颤抖
不可一世的锯，横冲直撞
将全身的暴力倾注锯齿……

像很多事情一样眼看成了
嘣！一声骨折般巨响
木头，就是刚才还沉默着
吐着碎屑的木头
竟然把长长的锯
咬断
让钢铁死在木头里面

（原载《诗潮》2018年第7期）

隐去过程

◎利　子

一个人在房子里思考
即使再安静
可她的身体必须出走
比如她要去菜市场
买一天或者一个星期的菜
她去二十九路公交站台
乘拥挤的公交车
上下班。周末还要参加各种活动
她偶尔会在这条路上碰到一个朋友
又在另一条路上碰到另个朋友
某年，某月，某日
这样算来，多么漫长啊
她在房子里安静地思考
到她的身体离开房子
去某某地方
做某某事
这中间得隔着多少未知的人
多少未知的事儿

（原载《西湖》2018年第5期）

无言之冬

◎查文瑾

这个冬天
天堂里多了些诗人
人间少了些炊烟
而天堂和人世之间
又多了多少进退两难的人
倒是不用担心
那些减产的诗和亏欠的白
你看这涌动的风云
你听这奔突的地火
哪一波哪一浪不是“事实的诗意”
雪崩一样滚滚砸来

（原载《黄河文学》2018年第4期）

关于树的无数可能

◎小　西

一棵树
有时是门，有时是床
有时是刀柄和菜板，弹弓和陀螺
有时是箱子，或者扁担

有时是一把琴，弹破了江山
有时是无数铁锹，掩埋了真相

有时是两个醒来的纸人
抬着棺木
去往天堂的路上，遇到了火

（原载《芳草》2018年第5期）

交 谈

◎罗　至

过去围着那张桌子，面对面
交谈。现在坐在长条椅上，面与面
对着黄昏的玻璃窗，寻找各自的话题
杏树的影子投进来，加重了
室内的分量；麻雀的声音
传进来，给两人的心情打分
没有任何主题，谈话时断时续
杯里的茶水波澜不惊，进进出出
但味道越来越淡……两人忽然
记起什么，同时将目光
盯向过去围的那张桌子——
它，正散发着幽蓝的光芒

（原载《朔方》2018年第1期）

列车向一个终点驶去

◎粒　粒

深夜里列车向一个
终点驶去　有雷鸣闪现
空气中仿佛存在一种信号
暗示着恐慌　我紧靠椅背坐着
翻看一本书　庄园里
康妮和她的情人邂逅

使我谨慎阅读的
我想我看见庄园的月光
打在了列车的玻璃上
沉寂中从人的腹部
我看见了生命的雏形

婴儿朝我微笑
大提琴在我体内奏响
像狂躁的鼓点在烈火之间
强力的捶打　灼烧
而我被迫啜饮这来自黑暗的
孤独力量　一种不属于我的渴望

疯狂中谁知道我的灵魂
月光颤抖着　黎明类似

一头猛兽躲在安静的回廊里
继续未完成的生活

（原载《草堂》2018年第8期）

冬 日

◎屠国平

冬日的枝头
还残留几片叶子
每一阵风来
它们都摇摇欲坠
我的心底
也有一些闪闪烁烁的东西
想要彻底抛弃它
却只能这么苦挨着

（原载《西湖》2018年第7期）

一只麻雀飞进我家里

◎周　琦

一只麻雀，飞进我家里
在四面墙之间
像打方块游戏中托起的弹珠
它带有一种射穿的激情
撞向玻璃，猛地摔下来
再次撞击过去
摔下来，在地面上打着冷战

我把它焐在手里，含住它的嘴吹气
我想拿它给儿子玩
装入口袋，捂紧袋口
等儿子从幼儿园回来

母亲让我放生
不经意间，麻雀蹿了出来
啪！再次撞向玻璃
太多时候我像它
信赖所有的光

（原载《鸲丝》2018年5月号）

“原本山川，极命草木”

◎远　心

说不出来的，变成铁
一个人背过身去，敲、敲、敲
敲出的声音，全世界都听不到
躲在窗帘后，穿不过玻璃
在离家出走的路上
新生活会从坟地的树林里长出来吗
一切都是真的，死、错过、冰冷
没有告别的告别，云不见踪影
风和着眼泪，吹得脸掉皮，全身褪皮
一条赤裸的低温的草游蛇
草间便是故乡，蛇像蛇一样活着
说不出来的，不说，背过身去
背影生硬、陌生、紧紧闭合
这个天空，不再是初见的样子
“原本山川，极命草木”
这是谁曾经来过的大地

（原载《星星》2018年3月上旬刊）

雪　夜

◎蝈　蝈

今天的雪，已经随着预测降临
不像早些年雪是跟着感觉落下来
比如关节炎、风湿病，潮湿的意思先从
身体蔓延开来。昨夜，雪还是细微的雨丝
好多人在朋友圈里发出消息
为什么大家都在关注雪的到来？内心的干燥
抑或是灰色天空下需要雪地的遮蔽？
前些天的大雪，一个孩子
在雪野里咯吱咯吱踩出一条主辙印儿
他就是雪最好的朋友——
北方人，胸中都有
一场与生俱来的大雪

（原载《文学港》2018年第9期）

疼痛是多么古老的经验

◎于文舲

疼痛是介于
具象和抽象之间的东西
嘴上秘而不宣的
得靠睡眠和虚汗
蒸发掉

存在感
阵痛作用于神经，持续的
则作用于时间
它似乎就与你无关了
时间都被窝成一个圆

疼的激进就像它的读音
便于呼喊
止疼药又是另一种
在陌生的空房间
戴上耳塞眼罩

唯一的要求是别怀疑
疼变成了隐痛
你终于摸到两种相反的经验
翻开或者扣下去，你得握着底牌
等对方先出

（原载《山花》2018年第9期）

山中行

◎何　冲

落叶并不会带来准确的信息
被季节丢弃的鸟鸣
在草丛间响起
“偏僻，荒凉。看来并无他人到此。”
“也许有其他行人，如同我们未能与他们相遇。”
一阵风潦草地掠过树林

她不停前行
随手扯路边的野草、松针
掏出手机，又放回
一个松果突然掉落

在她身后，我捡起松果
松果是空的

（原载《山花》2018年第9期）

鸟笼匠

◎蒋志武

市场东边的鸟笼匠
每天用不同颜色，粗细的钢丝
编织各种大小的鸟笼

他先用四根棍子搭起鸟笼的框架
然后一圈圈把钢丝缠上去
在鸟笼的正中间横三根木头
供它们喊累了休息

最后他会留一个手掌大的鸟门
就等鸟儿进入这个笼子
然后关上它

（原载《钟山》2018年第5期）

风比人更孤独

◎范小雅

夜里人都睡了
风没什么可吹
就掀动每一扇窗户

躺在里面的人听着
先是拍打
后来是呜咽

风比人更孤独
在空荡荡的大地上
连个落脚的地方都没有

（原载《汉诗》2018年第2期）

你可以想象

◎吕　历

一块石头，修炼到通体透明
宛若一团凝固的泉水
你可以想象，它内部
是否有一种声音
渴望流出
那柔美冷艳的表面
会不会让关切的目光
感到疼痛

一颗心，被激情装满
就像一羽血肉丰盈的鸽子
你可以想象，它的深处，流动的是血
还是囚禁的飞翔

一个人，将自己彻底交出
一点一点掏空，你可以想象，他失重的
身心，充满了空虚的呻吟
还是无边的宁静

啊，今夜，我一手执笔，一手握杯
仰望满天星斗
你可以想象我饮下的是星光、月光
还是浓烈的悲愁
在似醉非醉之间

你可以想象
是怎样的精灵在我血中舞蹈
我迷蒙的双眼，又将绽放怎样的火焰

（原载《四川文学》2018年第10期）

需 要

◎熊 曼

需要驱车三百公里，去山林内部
需要踏上曲折的石阶，令双腿不停行走
令思想暂时消退。肉体需要酸胀，疲乏
而不是闲置，有时它会默默羡慕
劳作归来的农妇，肤色黝黑而眼神清亮
不知诗歌和哲学为何物，也不因失眠而苦恼

（原载《汉诗》2018年第2期）

强迫症

◎胡　平

可以在屋子里待上一整天
在黑暗中沉思
不断纠正自己的思想

出门之前反复检查
直到确认每一把锁
都无限忠于锁的职责

对神秘的宇宙
抱有死心塌地的敬畏之心

绝对不能容忍一粒尘埃
一滴墨，一颗老鼠屎
破坏世界的美好

曾试图在镜子里
塑造出一个无懈可击的人物

（原载《中西诗歌》2018年第1期）

自然之子

◎林宗龙

并不呈现什么。湖畔的椿树
倾斜着弯曲的树干。一群黑脑袋的小飞虫，
在树底的灌木丛聚集。
空气中隐约的香气，是哪一种植物
在接受神的洗礼。
并不急于证明，湖面的波纹
沿着同一方向涌动，好似欢脱的星火，
我绕着柠檬桉踱步，倾听那未知的
降临在我周围的无限——要把它们储存起来，
那灵魂的部分。

（原载《星星》2018年8月上旬刊）

虚无之词

◎龙　少

我一直写，写到那只鸟，那只蝴蝶
写到春天里刚刚开花的蒲公英
写到生，或者死
写到万物，都不是你
天空如此低沉，雪还没有落下
我站在窗口看一个人的背影，那么像你
而这世间的嘈杂啊，从不在意我的悲喜

（原载《星星》2018年7月上旬刊）

神　话

◎李聿中

幻想……
明日的床沿攀着枝头
秀丽的舞者
与她左手的沙土攀谈
如何塞进画中
做永远的玫瑰红
我抿一点烈酒
就在隔夜的乳酪之上
结束了一宿的无奈
孤独地承受冷漠
给壁上的君子一点谢意
赤身所冷却的骨肉
我就定格在队列之中
与遮面的女子漫步
以一颗星命名永久
结伴的锦缎都腾空
踏实的脚印都凝固
河水的温柔
在你的黑夜里
显得格外别致
就这样！就这样！就这样吧！
落魄不能带走一切

我不在梦的唾液里遨游
我只是虚幻了现实的残酷

（原载《诗潮》2018年第10期）

暮春之野

◎天　岚

芳菲渐靡，新绿脱尘
盛大夏日尚未开始
就被万物迎候
我的生日也已过去
祖国农历的三月
催我而来又带我而去
阳光穿透树冠
唤着地下的睡蛹
山寺已无钟鼓
蝉因羽化而欢鸣
而我卧于梧桐树下
仿佛刹那归来
伸开寒凉的十指
用刹那深爱青草的一生

（原载《诗刊》2018年5月下半月刊）

就像……

◎麦　阁

任何时候
不要试图在秋天
留住年华

就像
天空凝固不了流云
沙滩无法挽住浪花

就像，我也无从握住一束月光
将伤心时涌出的泪水抹去……

（原载《山花》2018年第10期）

影　子

◎向　晚

一到傍晚，路灯渐次亮了起来
像一个掏空的世界
柔弱的光线，恰到好处的
坡度，埋伏着
每一个路人，让他们想起生活
应有的重量，就像
从脚步里探出头来的影子
在倾斜中，度完了自己的一生

（原载《星星》2018年1月上旬刊）

山　居

◎雁无伤

山居时。我醒得极早。
每段梦都是完整的，也都记得，
也都无关于我——或枯叶噙着雨。
或浮云画着湖水。或一只松果，
生出琥珀的冰凉。
而我只在野菊和虫鸣里。在清气里。
也会在消散之前，借林间风，
惦记一会儿你。

（原载《星星》2018年1月上旬刊）

尘 世

◎果玉忠

像那只永不回头的鸟
有一天在风中突然消失
在此之前，我们混迹人群
怀揣或明或暗的物什
细数生活的锯末
尘世是如此丰盛——
那么多爱，恨，挣扎
泪水和别离，犹如枝丫上的果实
有一天我们突然离开
抽身，留下失色的空白

之后，更多的人将代替我们
活在这里，活在那里

（原载《广西文学》2018年第10期）

发烧的骨头会说话

◎董小语

已经没有什么可发烧的了
除了感冒。仿佛盛夏的热
又回到了体内，骨头以酸痛之姿
举手发言，就像在身体上
发一条微信，刷新了存在感

其实它一直都存在，就像某些疾病
一直都在，我以骨气之类的词
对它循循善诱，但有时我并不敢
问它的重量，是否足斤足两

这些年我多次发烧，看它在不同的方位
描述火的形状。发烧的骨头会说话
在说“火有时是盲目的”，在说
有时就连发烧本身，也是盲目的

（原载《作家》2018年第1期）

如此这般

◎朵　渔

我们在尘世，如此这般，写着我们的生
或死，写着人生的一些小确幸或小灾难
这些语言的花火，闪烁其词
而大地繁忙，为每一朵花安排花期
就像为少女们安排婚礼
星河流转，不为所动
野兽们在荒原或洞穴里生活
仿佛世界是它们的
雪山冷峻，偶尔为它们打开家门
我也在一间小小的斗室，在一盏
台灯下，写着，为世界安排着秩序
仿佛整个星空和大地都是我的
而天地不仁，以万物为刍狗
太阳收敛一天的光，星空
为渺小的人类打开圈栏。

（原载《山花》2018年第3期）

周末愉快

◎沈　苇

无人打扰，无人相邀
无事要办，无处要去
世界好像被我轻轻放在一边
读荷尔德林，又重温《百年孤独》
朋友发来短信，转述嘉宝佳句：
“让我独自一人，我止于此，我止于我。”
看窗外，白云朵朵，悠闲漫步
——我已多久忘了抬头看看天空？
老树、小树，在风中摇曳、私语
像在感叹，阳光总是慷慨
久违的愉悦，缓缓盈满心间
我感到：这是心满意足的一天！

（原载《诗歌月刊》2018年第5期）

我在秋天里认出……

◎杜　涯

我在秋天里认出你的形象
在寥廓天幕的纯蓝里望见至高和庄严
当你的影像在一切的丰美、绚烂里显露
万物也将永恒的美作为尺度

我犹疑在自己的有限中
犹疑在十月的树林和草木边
我执着于自身的短暂
时常看不清事物的长久和接续

但是，秋天却准时地悄然而来
我出门，看见叶子在树梢上斑斓
听见秋风吹在世界上，天际明亮
于是我知道：你在

时光严肃，所去之处深不可测
法桐和银杏树上挂满即将下坠之物
而你在，在万有之上，也在万有之中
于是我有别于所有坠落之物，单纯地上升

那未知世界仍在远处闪烁，它遥远又
幽明、缥缈，但我依然向往，伫望

而时间也会在秋天里宽广内心的法则
在所有的必须流逝中，把那简单之物留住

（原载《扬子江诗刊》2018年第1期）

拉鸡山，一次语词的交换

◎森　子

过拉鸡山，我想到垃圾和我，
互换了一下座位，
不对，风景还是蛮亲热的。
过拉鸡山，没看到我和垃圾，
这让我有些疑惑，
在牦牛绳牵走我之前。

一丝戏谑附加在庄严上，人啊，
喜欢自喻，捏造相似的快感与不适
反正拉鸡不垃圾的
并不以海拔高度为准。过拉鸡山
没见到垃圾，不是我的错，
或者说，我和它都喜欢交谈，
而玩笑更喜欢交换我们。

一只鸟翻越一座山，
石质的羽毛掂量着语速的缓疾，
凤凰也不过如此。如同在另一种口述中
刚好有个滑稽的镜子，
她也不会拒斥端详的喜剧。

因为，反对过于粗糙，
而逻辑爱用细沙纸打磨不适。
车过拉鸡山，没看到垃圾的对应物，

问导游，怎么还没到呢？
他说，拉鸡山已经过了。
就像刚吃过的午餐，快速地将我们
移交给下午，在夜幕把我们当道具之前。

（原载《鸭绿江》2018年第5期）

驳奥登

◎吕　约

“太孩子气了，”你敲敲我们的头说，
“诗人要么长年孤独，要么青春早逝。”

——不！我不会死得那么快
也不会在孤独中变态

为了粉碎你的严酷咒语
要投入整整一生，还要加上
从死神那里偷来的宝贵时光

（原载《诗歌月刊》2018年第5期）

弥留之际

◎毛　子

重读吉尔伯特，在一句话前
停顿很久。仿佛那话
是说给我听的
现在，我把它转述给
我一直在想的人，它也好像
是专门说给她听的
——“我一直为此后悔，后悔
当时没有去做，一生最想做的事……”

（原载《十月》2018年第5期）

月亮之歌

◎颜梅玖

它高踞在幽暗里，漫溢出
辽阔的光辉
它均匀地亲近世间所有的事物
仿若一座神圣的庙堂

从香樟树的枝叶间
它均匀地将光洒在我的床前
在我和它之间
一切都消失了

生命之河水渐渐趋于平静
除了眼前这一层薄薄的金黄，仍闪烁着
纯粹的光芒——
那是所有人无法抵达的寂静

（原载《星星》2018年3月上旬刊）

是谁暗示了它们

◎李小洛

天亮以前
时间暗示了黑夜
黑夜又暗示了灯盏
于是有一些角落被照耀
有一些被遗忘
世界就在不同的方向光明
或者黑暗着
而天亮以前，阴雨还暗示了大地
暗示了丛林
丛林里
那些发霉的蘑菇
墙壁，坝堤，陡立。
窗户，房门，紧闭。还有
干枯的水井
焦萎的禾苗
堵塞的道路
这些又是谁暗示的？
又是谁暗示了那些
频繁的荒草和石头？

（原载《天涯》2018年第4期）

风行水上

◎夏　午

起先看到的，并不是湖水
是群山：此起彼伏，抱首而眠
如老来伴。激情过去，整夜的肌肤之亲
也激不起一丝涟漪
是不明真相的游鱼，不时掀起湖底淤泥
偶然路过的人，心旌摇荡
而左右晃动着的，心中的欢喜
是肥白的云朵，铺展棉花的身体
是小野鸭，气喘吁吁地
一只，追赶着另一只，又一并消失
是一群冕柳莺扑扇着翅膀，替人们喜欢
金合欢的王冠。
是一眼
能望见的所有事物，在湖面上一一露出
镇静的面容
如颤抖细微，如波光粼粼

（原载《鸭绿江》2018年5月号）

姜

◎人　邻

小时候吃到姜的事，
依稀还有记忆。
现在的孩子吃到，
“呸呸呸”，满世界叫嚷。
如今，我近耳顺之年，
懂得那不过是尘世
暗藏的一点辛辣。
我甚至偶尔
会有意寻上几片，反复咀嚼，
似乎要咀嚼透了这尘世——
这所谓的命运，
不过是如此的啊。

（原载《星星》2018年2月上旬刊）

一场爱情覆盖了荒芜的旷野

◎阿　未

一粒投奔草原的草籽，先把自己
埋进土里，再躲过无数牛羊
吃草的姿势，等成群的云朵携来
一场接一场的细雨，等阵阵微风
轻轻吹来，在肆无忌惮地疯长
之后，就开始在风中
和草群一起欢呼了
一棵被草原接纳的草是幸运的
正如生长在草原上的牛羊
也是幸运的一样
当无数棵草紧紧地依偎在一起
一场爱情就覆盖了这片荒芜的旷野
从此草海无边的远方，众草蜂拥
子孙满堂……

（原载《作家》2018年第9期）

又一年

◎慕　白

昨天，你已经离开
星辰大海，一望无际

朝花也好，夕照也好
白云传信，每天都一样

苦而不言，喜而不语
阆苑书附鹤，诗人多薄命

山泉流水，无问东西
如是如来，跟着心走

明月似弯刀，如同困兽
我在镜中，蹉蹉跎跎又一年

（原载《广西文学》2018年第9期）

陌生人

◎代　薇

第一次与一个素昧平生的女人
紧密搂抱在一起——
她没有带伞，要过马路
大雨使我们每走一步
都像久别重逢的亲人
很快，她跑进对面的写字楼
我继续去往下一个地点
短暂的相濡以沫
使我们再次成为
陌生人

（原载《鸭绿江》2018年第9期）

我不忍去看秋天的火车

◎秀　枝

我不忍去看秋天的火车
它奔驰在五色缤纷的原野上
它每前进一步，都要眩目一次
都要空爱一次

它穿越一片片泣血的枫林
车轮掠起一团团落叶，慌乱地舞蹈
一声呼啸惊呆了田里的割稻人

它要作别：越来越高的天上的云朵
越来越瘦的地上的草木
越来越衰弱的奔赴的河流

它放下晨露，花朵，鸟鸣
放下丰盈，盛大，暖
它接近灰暗，空寂，苍茫，寒凉……

我不忍去看秋天的火车
轰隆隆的火车，瞬间而过的火车
它将等待的人遗弃在路旁
却带着孤单的孩子走向陌生的远方

（原载《诗探索·作品卷》2018年第2辑）

为花忙

◎丁　及

闹哄哄地，分盆，刨土
刨开我体内每个容器
整个晌午，一枝枝
插入我身，排列成行的花们

一枚交易，花期
和我的呻吟，落泥

浮肿的瓣
强作精神的唇

浮夸的号
吹响着花市

夜间，一只只戒指
戴在刚好修剪的枝条上
花事好
花房找不到蜜
在幽深处，笑在飘摇

一天到晚为花忙
变成暗绿
我，游荡在外的花农

（原载《作家》2018年第2期）

趵突泉偶得

◎雨　田

在趵突泉　我一边抽着烟　　边穿过烟雨
多么可怕的天空之镜　让这里树木倾斜　弯曲
水中的阴影怎能驱散黑暗　三股宽阔的激情
抑制不住李清照灵魂的尺度　也许词的筋骨之血脉
正是我此刻孤独时的悲伤　无穷的自由和意义
让我明白意识的价值　望着成群的鸽子在天空起伏
词语在深处发出召唤　趵突泉　你让一座城市因你而站立

（原载《诗刊》2018年第7期上半月）

与蒋蓝拜谒杜甫草堂

◎葛筱强

更多的时候，我们都各自躲在
月光之外的时间里。一行用翅
　膀
振动浣花溪水的白鹭，或者
用清冽的叫声击落香樟果实的
黄鹂，都不能让我们
像忽然走失的桤木那样，确信
唐代也有赤着双脚的民间
也有朝着剪剪春韭，或萧萧落木
且歌且思的枝叶，用凝滞的呼吸
让异代的雨雪与清风
插入泥土与灰烬的感慨
我们所能做到的，就是
以少陵为界，以梅苑的茂竹
和兰园的灯火，为重返今生的
　恍惚
重新打量未扫的花径深处
看不到的远方和永恒

（原载《绿风》2018年第5期）

败酱草

◎叶丽隽

惊听一夜春雷。晨镜中，果然
燎泡上唇——唉，多么令人羞愧
我那虚弱、不洁的本性……

谁能预料，季节滚动着的深喉，繁殖的
是新生，还是新的恐惧

还以为，我已远远地退后
败酱草一样
埋首于人世的低处
在苦涩的陈腐气中，沉溺并懂得
山野之间，有着本然的救赎

几乎是一种呼唤呢——怀揣一腔虚火
我惦念着郊外
乱丛之下，那清热解毒的草木

诚如，再粗鄙的个体，也需要一个隐蔽所
一个在暗中，不断过滤的自我

（原载《人民文学》2018年第9期）

木　头

◎陈　亮

父亲每每伐掉一棵树
都会用斧头仔细削去枝杈
然后竖立在墙角阴干

新鲜的木头
会散出极浓烈的香味
甚至在深夜里
还发出咯咯的响动
让我以为它们会逃跑

慢慢地，它们消停下来
直至变成一根彻底沉默的愚木

——父亲走后的一个冬天
因为空落和寒冷
我开始用这些木头取暖

当我把它们劈开
扔进炉膛
这些木头竟吱吱喊叫着
涌出热泪，并把它们
浓烈的香味迅速充满屋子

仿佛在告诉我
这么多年，它们并没有死去

（原载《诗刊》2018年8月下半月刊）

无名之名

◎于贵锋

赤麻鸭，绿头鸭，白鹭……
我试图准确地叫出它们的名字
我不想说在寒凉的河滩上
栖息着一群水鸟

这无用之用
这无名之名
风吹水起时会轻轻动一下翅膀

所见之物
今日之日
变成了一面面镜子

我不会疯狂是因为疯狂的碎片
像埋在泥土里的一只只虫子

水银细小的鸣叫抽出一根根光线
瞬间，夜关上昼的门，为天亮时推开

反复得重复的命运——
一往无前时我就像眼前无声的河流

（原载《汉诗》2018年第1期）

无用的风景

◎非　亚

一个人在江边看风景
风景大概，由这么一些东西构成——
树木。河流。低矮的河岸。黑暗的泥土和灌木丛。
一些木船。
对面和远处闪光的楼房。静静越过两岸的大桥。
深蓝的夜空。浮云。风筝。和一架向北
滑翔的飞机。
只是这一刻，如果我，没有想到你
没有对你的情感和记忆，这些
毫无关联的事物，对我
又有什么用！

（原载《广西文学》2018年第10期）

以水抄经

◎沉　河

我在书法练习册上
以水抄经。间或古诗
水在荷叶里
经总是一心
古诗是变化多端的心绪

窗外的风进来看了几眼
雨也忍不住写了几点
昨日我用了剩茶水抄经
今日便用了雨水抄经

我想到明天就用一朵白云
或者还是闪电。也没区别。

沐浴，更衣，禁食
把自己放空。到巴东去
装一身蓝天白云并好山水

此时无笔，以手代笔
无水，哈气为水
无纸，在空中写着

边写边看它是空

我多么热爱这
不留痕迹。

（原载《汉诗》2018年第1期）

最好的麻雀

◎玄　武

并无虚妄，一生所见
最好的麻雀均在故乡。
自在，安然，若无其事
都长一张在自己家的面孔。
感动于它们唧唧喳喳
对我趾高气昂的样子。
通体金黄，扑腾腾乱飞
小得像我的卑微之心，
它只有在故乡能够安放。
在城市也见过
肮脏的，灰黑的
垃圾堆上惊起的麻雀，
它们惶然而盲目
没有可栖息的屋檐。
每个清晨，
在它们惊慌的叫声中醒来，
我总努力说服自己
那是来自家乡的雀鸣。

（原载《江南诗》2018年第2期）

岁 月

◎唐继东

人到中年，慢慢压低脚下的白云
逼近尘世的真实
其实是这样的，人越是即将远离
就越是逼近真实

荷花开了又谢了，夏天依旧
有些人近了又远了
旧的伤口，却无法用新的季节弥合

有些时候变得迟缓些了
有些时候却越发敏锐
那朵花微微一笑，我却读出了她的淡淡忧伤
而月光，唉，月光
她清澈的声音，总是在许多不期而至的夜晚
花朵般洁白绽放

好吧，许多往事已经和解
好在目光依旧单纯
这尘世永远不疾不慢不增不减
吹皱一池春水的
不是我，而是风

（原载《作家》2018年12月号）

明白

◎玉　珍

那些飘零之蕊只有折裂之枝能明白，
那些疏离冷淡只有死亡之心能明白，
那些灰暗预想只有濒死之人能明白，
那些无间歧途只有悬崖孤松能明白，
潜艇般哽咽的喉咙，掩面孤独的啜泣，
只有真正痛彻的人明白，
疲累的追寻只有早醒之惊坐能明白，
星海之卓绝只有倾倒般奢侈的浪费能明白，
词语的匮乏由穷困的巧妇明白，
湖光之潋滟只有懂得山色之人明白，
高塔之恍惚，深渊之沉虚，
青春之躁野，垂暮之松弛，都只有少数明白者
人之低头回首，人之望穿春秋
都在时间惊诧的洗礼中，
纸上之深思，笔上之流逝，重负之熬炼
就像处女之血，老人之泪
只有失去者懂得

（原载《汉诗》2018年第1期）

弥漫着

◎张二棍

在鸟的身体里，能找到天空
而一只穿山甲的内部
暗藏着大地的起伏
我是那个不能上天，也入不了地的人类
你不要试图，从我这里找什么
我的恐惧，我的悲伤，我江水上的
三千里大雾
也在你的身体里，弥漫着
我的泥泞小路
也走过，要去看望你的人
而这伙人中，也混迹着
几颗怀揣刀斧的心

（原载《汉诗》2018年第1期）

总有一些渺小的时刻

◎小红北

总有一些渺小的时刻
等在我要去的夜晚
它们像愧赧一样谦卑、柔软、自责
或者脆弱、坚硬
躲在一部电影的间隙里
滴滴滑落
是绵软睡梦中的一种刺痛
是黑土里长出嫩芽，长出黎明
多么适宜翻动的时刻啊，在一个情节里
颓废。在另一个情节里起身
峰回路转。好像一个人进入这样的时刻
就会变成另一个人
另一个世界

（原载《作家》2018年第2期）

我爱上黑色

◎袁东瑛

春天躺下
在山谷的河里变长
我听从风，脱掉华裳
干裂的皮肤长着光阴的锈斑
黑发仿佛枯草

我不悲伤
允许自己变黑、变老
接受阳光刻在身上的阴影
接受夕阳矮下去的昏暗

甚至，我爱上了黑
白发里的黑发，眼白里的黑仁
用黑色的长袍裹紧自己
我也爱——
这黑黑的长夜
活着的每一秒都如此轻松
那些笑脸里的皱纹、人海中的孤独
那些藏着的喜悲
那些可以遮住一切的黑

这世上
还有比黑色更自信的色彩吗

没有哪一种颜色

可以将其覆盖

（原载《鸭绿江》2017年第12期）

列车上

◎黄海兮

某次列车去南宁
我从西安去武汉
深秋的大地上
大风吹来的尘土
连同
车厢内弥漫的方便面气味
二十多年了
无数趟列车上
这种气味还在开水泡面里
它在列车上
从未改变
只是多了
火腿肠和卤鸡蛋的气味

（原载《天涯》2018年第4期）

遇　雪

◎施施然

有人说，大寒过后
春天就快要来了
他们的声音里雀跃着绿的萌芽
有一些，甚至结了毛茸茸的骨朵

我放下手中的热茶
默默离身。此时琥珀色的太阳
隐身云雾的悬崖，拼尽力气
在空中撒下它身体里的冷

无声无息，向着同一个方向降落
仿佛克制地
喷吐这些年受过的委屈
过了一会儿，天空的一角重新变亮

我想我能如此理性地看待天空是因为
我常常脱离我的身体而出
坐在旁观者的位置看我

（原载《中国作家》2018年第9期）

目　送

◎九　荒

我的目光不太明亮
十米之外，已是虚幻世界
滴眼液，消朦片，菊花茶，保健操
用了这些，做了这些
还是不能用目光把你送得更远

在桃树下看你拍照，看你
拍下春天的视线。这样的季节
看着你，比看不见还要绝望

你一定知道，一个经常失眠的人
不会在梦里走得很远
而我要告诉你，一截失眠的目光
一直离你很近

（原载《诗刊》2018年第2期下半月）

泗溪河边

◎翁美玲

异乡和故土之间
有前世遗留的缘分
在此驻足，灯光骚动
日和夜，它们彼此相依
泗溪河的水在流动

温暖中，有什么理由不叫它们相爱
水底埋伏的柔波，风生水起
将她一次次地推向彼岸

月光，在向谁诉说
力量不够吗，那洒向人间的白
散落在四野的虫鸣，都是我今生的爱

除了前世的约定
没有人能湿润我的眼睛
渴望更确切地深入到山的腹部
泗溪河在身边轻轻流走
过去，现在和未来
弱水三千，一滴水就是一座庙宇
相爱却不能厮守，这神奇奥秘的旅程
始终含着一个艰难而痛苦的词

（原载《诗歌月刊》2018年第5期）

黎明村

◎张敏华

我只有一个村庄，靠它
和父亲一起度过了
相依为命的童年，还想靠它
和父亲一起享受
天伦之乐。

但流转多年的村庄
一直在发着高烧，太阳把楼
拉高，阴影越来越大，
堆积如山的建筑
垃圾，被遗弃的钢筋水泥，
仍然这般坚硬——
我茫然地躺在阴影里。

如今，村庄仍然叫黎明村
但我已经
找不到一块桑地，
一座墓园。

（原载《西湖》2018年第8期）

你好——

◎李林芳

迈上第一摞台阶的最后一层，我刚在院子里
探出半个身子，小黑斜着翅膀
急急地，一溜烟跑过矮墙
乖巧的八哥小黑，用沧桑的嗓音
说接地气的青岛腔，而梅花在墙角
开得清冷。第二摞台阶，拾级而上
香气馥郁，袭上木质楼梯
教堂的钟声回旋，山那边寺庙里点起香火
红瓦屋顶印在汹涌的大海上
像一枚枚锅盖，沉稳，处变不惊
春天的大锅，澎湃，鼓荡
一棵大树躲在楼后
在天空上写祷词
你好——
春天的腹音，被枝条临摹得纤毫毕现

（原载《延河》2018年第10期下半月）

望海诗

◎孙文波

登山观大海，是安逸之事。远眺，
水波不兴。是丝绸、玻璃，还是铁皮
(无聊的比喻)？空阔、宁静、永恒。
词的排列性质不对。生硬了。生硬就生硬。
因为，它对应的是心中出现大波澜；
躁动，翻腾，短暂。尤其是疼痛，如附骨之蛆
噬咬着腰椎。虽然还不恐惧，却很不舒服。
疼痛，是生命之大秘密，从哪里来，
要把人带到哪里去？必须问。答案也唯一。
只有转移意识，才可以减轻它。哦，
转移。攀登山是转移。眺望大海是更有力的转移。
望啊，望。从下午望到黄昏，目睹的是什么？
辽阔的水面，还是辽阔，只是色彩在变化；
由灰白到深蓝。由深蓝到鎏金。由鎏金到铅黑。
这样的眺望，让人心里悻悻。这是时间带来的
变化。与眺望无关。与人无关。
与人有关的是，走上回家之路。回家之路
也是向下之路。越是向下，大海越是像
一幅画高高悬挂。直到挂在意识的穹顶。

（原载《广西文学》2018年第3期）

孩子们

◎蓝　蓝

孩子们不再认识红薯叶
花生蔓和谷子。

手机是他们的田野，他们的
人间和荒漠帝国。

他们拥有词语和形象
拥有数字玩具和电子狗
再见——他们搬到了你的隔壁。

他们的普罗旺斯没有梵高
他们有支付宝的薰衣草。

你在但丁被流放的古堡上俯瞰
那些绝壁陡立，有人在囚牢里哀嚎

孩子们不知道这些。卡瓦菲斯说的高墙
在身边砌成了。

或许，死亡能唤醒他们
你暗中祈祷——膝盖上的伤痛也能。

（原载《长江文艺》2018年4月上·原创）

孤岛的蔚蓝

◎陈先发

卡尔维诺说，重负之下
人们会奋不顾身扑向某种轻

成为碎片。在把自己撕成更小
碎片的快慰中认识自我

我们的力量只够在一块
碎片上固定自己

折枝。写作。频繁做梦——
围绕不幸构成短暂的暖流

感觉自己在孤岛上
岛的四周是
很深的拒绝或很深的厌倦
才能形成的那种蔚蓝

（原载《九章》，安徽教育出版社，2017年10月出版）

秘密季节

◎梁　平

所有看得见的风景，
在自己之外。

阳光和树动人的时候，
季节温暖，日子如初。

草坪上惟一的经典建筑，
小木屋已经睡着。

季节可以悄悄地来
我不可以。

门关了，窗子关了，
秘密只在心跳的地方。

（原载《绿风》2018 年第 1 期）

心境一种

◎刘　川

此刻我的心异常宁静
但我知道
那是一挂鞭炮
与一盒火柴
放在一起的
那种宁静

（原载《海峡诗人》2018年春季号）

只有写下一首诗才能安魂

◎海　男

一首诗，仿佛在夜色中迎来了另一只蝉
你见过树林中翅膀透明的蝉吗？那时际，她随处漫游
只要搭上一辆车，倾听到来自小镇人的声音
就自认为已经搭上了去乌有之乡的车轮
乌有，是不存在的，是虚拟的，是人们在梦想中
涂鸦的地壤。她有一种追求乌有之乡的勇气
在她认为，只要听见蜜蜂的翅膀划破窗外的黑蜘蛛网
就意味着冥冥之中有什么奇异的事情要发生了
就像每夜的女诗人，只有写下一首诗才能安魂
她的魂，只要有一只蝉的引领，就会掀开夜幕之帐
她要去的地方，必须有人，无论是人还是神
对于她来说，都是乌有之乡的传说

只有写下一首诗，她才可能编织好明天出门前戴的草帽
她气息如蝉翼，只有写下一首诗，才能安魂于黑暗

（原载《花城》2018年第3期）

气　息

◎何小竹

一直很疑惑
为什么会是这样
今天终于有答案了
就是气息问题

气息不对
再怎么说
都不对

（原载《江南诗》2018年第2期）

我去雾里小住几天

◎雷平阳

去梵净山，我没什么特别的目的
听说那儿一峰独立
天天都是大雾笼罩
我去雾里小住几天
如果你们上山来找我
请对着大雾喊我的名字

（原载《诗歌月刊》2018年第1期）

在无名小镇休息

◎余　怒

由栎树林穿过
榛树林，看到一些果实。
从自然界回来的身体
携带的气味，一整天都好闻。
我是说深夜自我陶醉的
方式可以这样也可以那样：
掀起衬衫或直接脱下裤子。
因为我关心的很多事都在变坏
我不得不专注某一个
哪怕它发生在地球的另一边。
世界只剩下一个小镇，
这并非抽象的地理知识。

（原载《0596诗刊》2018年第1期）

小城故事多

◎商　震

这个城市
每天有垃圾清扫车和洒水车
走来走去
垃圾清扫车工作的时候
就播放乐曲
“小城故事多”
反复地播放
人们听到这个曲子
就赶紧躲开

开清扫车的司机
坐在驾驶座上扬扬得意
嘴里叼着烟
眼睛望着天
好像开的是坦克

对面来了一辆洒水车
播放着乐曲
“我从山中来　带着兰花草”
两车相近的时候

开清扫车的司机
就把烟头扔到对面

让洒水车帮助他
把烟头熄灭

（原载《诗潮》2018年第10期）

时 间

◎荣　荣

那些事　我没有想明白
有些很久了　也有眼下的

我盯着挂钟　时间仿佛不动
只要时间动了
事实将在它转动的间隙
露出玄机

显然我跑在了时间前面
像是我的焦灼在跑

而镜子照过来时
我又看到衰老跑在了前面

我不承认　我与生活的不和
全缘于无法与时间同步

（原载《四川文学》2018年第9期）

肥　料

◎潘洗尘

我在院子里
栽种了23棵大树
银杏、樱花、樱桃、遍地黄金
紫荆、玉兰、水蜜桃、高山杜鹃
她们开花的声音
基本可以覆盖四季
每天　我都会绕着她们
转上一圈两圈儿
然后　想着有一天
自己究竟要做她们当中
哪一棵的　肥料

（原载《中西诗歌》2018年第1期）

寺

◎于耀江

寺，隐在山里，尘世的火焰烧出一砖
一瓦，想回到烧出之前的原来

原来泥土，可以长出山，可以长出树
隐是寺折叠的态度，打开就听到溪水潺潺了

（原载《诗东北》2018上半年卷）

给

◎李元胜

听起来不可思议，我真的迷恋着
一枝玫瑰有刺的部分
我还依赖，你的缺点发出微光
把整个人慢慢照亮
我喜欢一根铜线里的黑暗
黑暗到足以藏好全身的火花
我爱这温柔又残酷的人间
爱那些失败者的永不认命
我爱废墟，爱有漏洞的真理
我甚至爱我们的失之交臂
因为，它包含着上述的一切
此生的永不再见，不像结局
在茫茫无边的轮回中，更像
我们故事的序曲

（原载《延河》2018年第5期）

汉学家

◎桑　克

其实只有盒子才能真正显示
我们的娱乐性。告诉你吧贺耳曼，
你是不会明白的，不如索性演给你看吧——
我在阅报栏前一秒钟都没停留，
而我在五月的丁香树下却待了足足四分零五秒钟。
如果你能想明白这是什么意思你才有资格
和我谈论中国诗或者关于
中国的一切。告诉你吧贺耳曼，
我算不上一个傲慢的人。这句话真正的意思其实就是
我们的隔阂如此之深完全是
春风造成的，和蓝天白云之类的风景诗
或者你的卷头发没关系，并且我还要
替降落伞和逸闻向你郑重道歉——
交浅言深，给几两颜色就几两颜色吧。

（原载《江南诗》2018年第4期）

贵　人

◎李　南

山穷水尽时，每当我回过头来
眼前总会出现花海一片。
形销骨立时
总会有人来取出我的绝望。
我生命中的贵人们啊
你们给我喂下治病的药片
你们转动我黑暗的锁孔
让我在苍茫的飞翔中，时高时低。
我时常惊叹命运的偶然
从前我迷信于星座学说，现在我知道了
是你、正是你差遣了这些贵人
向我抛下，一道道彩虹。

（原载《诗选刊》2018年8月上半月刊）

一　月

◎庞　培

早晨来了
难道不值得喜悦吗？
静谧的房子里有
一点点盐和一点点雪
鸟鸣声见证静谧
我把床单挂出去。新洗的
晾晒
冬天立即把一种古老的家居
湿湿地展开
耀眼的寒流来袭
我的耳朵仿佛青草萌动
仿佛不远处农田里
一小块碎裂的残碑
鸟爬到了树梢屋脊
一缕烧柴火的烟
难道不值得聆听？

（原载《山花》2018年第8期）

蟾　蜍

◎侯　马

我在冬夜的小区楼下
沿着干净的步行道急走
突然看到地上动了一下
我以为是蟾蜍的同时
断定只是落叶
但我准备走开时
它不甘心地
又蹦了一下
鼓着肚子
抬起三角身躯
这是一枚多么认真的枯叶啊

（原载《北京文学》（精彩阅读）2018年第10期）

落 日

◎喻 言

草坪上悠闲散步的狗
地铁出口处匆匆的脚步
玻璃房子里面对面喝咖啡的男女
坐在黄昏时光里
享受太阳最后的温度
格林威治子午线从脚下穿过
我左临东半球右傍西半球
一只脚踩着昨天一只踏着明天
像一根鱼刺卡在时间的喉管里
卡在两个世界之间
我一动也不敢动
只要一转身
夜晚的墨汁就要漫过来
把天空最后的留白浸染

（原载《星星》2018年第6期）

雪花飘了一夜

◎冯　晏

白色让冬季从右侧脸颊的冰凉开始苏醒，
一条缝合裂痕的拉链
——足迹迎向光，
我舔过冰雪中的玻璃、护栏和铁板，
白霜撕裂过舌尖。
一刹那，折断。
岩壁和枯枝被埋进低垂的水的固态。
总是有击退静谧的上万种守候，
被指尖弹起。
逃出冥想无人区，镜中有新月落下。
我的缺席总是让冬季更接近于自我，
并发现爱着。
失眠，存在感所针对的消融，从未停止，
雪花飘了一夜。
老科恩幽深而苍凉的《蓝雨衣》飘了一夜。

（原载《作家》2018年第8期）

浪　花

◎泉　子

每一朵浪花都是有意义的，
就像每一颗露珠
每一朵鲜花，
每一粒星辰，
就像我们正经历的
这如此漫长的一生。

（原载《西湖》2018年第9期）

留言簿（节选）

◎卢卫平

201
有没有裁缝能给一滴雨做一件雨衣
有没有木匠能给一把尺提供尺度
这类问题，只有在诗歌中能找到答案
207
布谷鸟的良苦用心让我感动
每年春天，它总是先叫醒种子
再叫醒我

（原载《作家》2018年第8期）

你还好吗（长诗节选）

◎任　白

你还好吗

我的短信出发了
一只掉队的候鸟
上穷碧落下黄泉
如果你从庞大的电信网络中迁居
一个旧号码后面
人去楼空
几张旧照困守在墙上
日影斑驳
困守真美
美得像七月的海水

但是往事回来的时候会两手空空吗
它是否挤占你的内存
有没有一直胁迫你重蹈覆辙
有没有在你的血管里添加乳酸和内啡肽

但是手机沉默着
我该焦虑和哀伤吗
是否该让忐忑的讯号向你一头撞过去
带上行李重启漫游模式

你还好吗

是的，我感到哀伤
超音速冻结史诗
那些郑重其事的章节
被挡在音障后面
所有坚硬的词句都被汽化了
我幻想一场原始的跋涉
在异乡的街巷里
留意每一张美丽的面孔
是的，你个子很高
即使在人群里也仿佛遗世独立
如同一场真人秀中的闯入者
试图修改脚本
那些调笑和吵闹
多么下贱
你无法侧身其中
也无法成为
失意诗人莫须有的家园

你，还好吗

（原载《作家》2018年11月号）

赞 美

◎姚　辉

活得艰难的人不需要赞美
他曾被安慰损害　被一种爱
逼入癫狂的夕照中　他始终记得
刻在自己灵魂深处的种种伤痛

活得温暖的人不需要持久的赞美
幸福是一种惩罚　是刀刃变异的忍耐
而风霜抵达的苍茫不只悬于高处
你的篝火　仍将划伤
最为漫长的坚持

活得凛冽的人不需要额外的赞美
春天涌起雪意　早期的花
代替遗失的苦乐　你还能为谁
捡拾　一种芬芳凌乱的琐事

而死亡是值得反复赞美的
——在你惊愕的天穹上　死亡
挪开璀璨的星光　成为
黑鸟直接超越的神祇与烛焰
你的醒悟　遮没过
多少冻结的落日……

活得仓促的人不需要赞美

大河被搁置在香案上　祈愿泛黄
一种颂辞溢出泥质杯盏　你
合上生命之痛　从一阵疾风中
抽取　整个生涯易碎的千种警示

（原载《人民文学》2018年第5期）

修辞学

◎亚　楠

不是灯芯草，它尖利
的掌。幻灭般在
空中陨落

或者，用云雀的颤音堆积
火焰和积雨云

这缓慢的位移
是雏鸟，在孵化中也
看见了白马王子

春天是皮影戏
有人亢奋，有人叹息

仿佛一群鸽子
爱情越远，咕咕声就
越近。这期间

只有艾草的芬芳可以
点燃他们

（原载《四川文学》2018年第5期）

哈尔滨

◎李德武

15年后，我又回到哈尔滨
我喜欢有白发的建筑，因为老
我还认识。但哈尔滨似乎更年轻
我做好了迷路的准备
我不想去工作和居住的地方怀旧
文林街、白家堡、六顺街……我就是飞过
这些街道的一只蜻蜓
多么庆幸，这座城市养育了诗歌
就像西伯利亚锤炼了曼德尔斯坦姆
这里的冰雪给了诗歌纯粹的骨骼
我从这冰雪中脱胎而生
就算素食多年我并不缺钙
我不再挑剔故乡
哈尔滨，一小片冰雪足够安放灵魂

（原载《诗歌月刊》2018年第1期）

牧羊人的歌唱

◎朱　零

马群、羊群和牛群
它们按照不同的调门
各自在雪原上歌唱

牧羊人不仅仅牧羊
他还有马群和牛群
牧羊人有牧羊人的调门

牛、马和羊
都是成群的
唯有牧羊人是孤单的
牛、马和羊的歌唱
都有回声、和声与合唱
唯有牧羊人的哼唱
像单调的呜咽
惆怅，大部分时候
还不着调

雪原上时而嘈杂
时而孤寂
一匹马猛然间的一个响鼻
惊飞一堆雪花

起风了

那些牛羊、马匹
以及牧羊人
被缥缈的雪花淹没
似乎刚才的一幕
未曾发生

（原载《花城》2018年第5期）

在成都杜甫草堂读《绝句》

◎龚学敏

黄鹂把草书的烟圈抹在手机的暧昧上。
翠柳被坛子泡醒的菜灌成酒肉和假寐。

白鹭的喷嚏在电波上发育和化妆。
青天把汽车压迫成羽毛插在树上。

窗被空气炼黑的字一次次穿透。
在连环画背面说谎的千秋雪啊。

门一遍遍跑过水和溺亡的土话。
风蔑视的纸悉数叠成万里船了。

（原载《西部》2018年第5期）

秋　日

◎谷　禾

吹过天空的风，也吹透你的身体
乱云散，尘埃落，村庄隐入迟暮
绛紫的金钟花敲呵敲，落日一点点变凉

秋来疏更疏，藤蔓转动头顶的银河
在琼浆酿成之前，孤独有十一种颜色
葡萄闪烁的光，被黑暗的枝条吸附

幼兽和蝴蝶，只相隔月光的转身
一场雪完成了远山的神话，鹰从不现身
安慰之诗轻如羽毛，又重于群鸟飞过

睡入草丛的老者，婴童也唤他不醒
草随他身体生长，荒凉漫过骨头
时光在慢慢收拢他，而不是轻轻带走

（原载《钟山》2018年第4期）

春天　群鸟在树上安装新叶……

◎于　坚

春天　群鸟在树上安装新叶
想象着大海　钻到绿色的波浪里
学CD店伙计　在曙光中揩擦莫扎特的鳞
根据另一份施工图　就着原有的树根
架设桥梁　焊接路线　从这一枝跳向那一枝
它们贴在树干上谛听　测量管风琴的音准
你推我搡　拱头拍背　调侃一只傲慢的凤凰
修改雨的线路　改造风暴大堂　教年轻的风
唱赞美诗　调节闪电的瓦数　温柔些吧　大王
别像过去年代那样扫荡　参天大树不是你的臣民
乌鸦　喜鹊　斑鸠麻雀　燕子……南辕北辙
团结在一起　树可群　共同妆扮着这个春天
将它打扮成接新娘的彩车　那时候30岁的李
26岁的桃正要去结婚　他们坐在扎满鲜花的
轿车中　太兴奋　没看见这树上一群小工人正在
干活　喜气洋洋的工地　光斑闪闪　没关系
在这样的春天　出嫁是普遍的　群鸟叽叽喳喳
树叶叽叽喳喳　婚礼叽叽喳喳　他们有所耳闻
幸福的耳背　听成了　我乐意　我乐意　我乐意

（原载《江南诗》2018年第2期）

果　子

◎韩　东

我吃到一个很甜的果子
第二个果子没有这个甜
第三个也没有。我很想吃到
一个比很甜的果子还要甜的果子
就把一筐果子全吃光了。

这件事发生在深夜
一觉醒来，拧亮台灯
一筐红果静静发光。之后
果子消失，果核被埋进黑暗
那个比很甜的果子还要甜的果子
越发抽象。

（原载《钟山》2018年第1期）

字非心象

◎欧阳江河

天下读书人中有一个不识字的
但他会写，把书里的字写在滔滔江水上
把废字和哑字写入鸟嘴
把缺腿的字写成鸟爪
又从鸟浮提炼出字的菩提

他提着众花的头颅去见世面
开败了字的花儿妙笔

他看不见自己身上的高山流水
因为所有的清水浊水
都与雾豹和经卷混在一起

人的一生中写了多少错字呵
木简的字，以金文一写竟成天命
而一个古人风雅就风雅在
能以二王的字写下一张欠条
能把甲骨文写得如一只螃蟹
能把螃蟹爪子掰下来当钳子使

石碑里的鸟兽之身已非今世
多少个青蛙王子隐身于蝌蚪文
童心和童子手端坐在莲花上
邪恶也坐得端端正正

善，竟如佛骨一样盘卷坐起
又随日常万念化为无形
气息相吹，舞之蹈之
心之所是成为了它所不是的
但那并非心象，而只是个执迷

（原载《延河》2018年第7期）

我妈在电话里说话

◎王小妮

我妈说，又下雪了。
不是对我说
她只是把她看见的随口说出来。

她是在北方说话的那个人
我是南边听见的这个人
中间有山有水高高低低几千里。

过一会儿她又说雪停了
没事儿了。
我放下电话
眼前全是白的。
我的雪一下子全部落了地
我决定不再端着它了。

从此以后也许真的没事儿了。

（原载《小诗界》2018年第1期）

记一场雨

◎王家新

雨，一场真正的、难得的雨
从清早到下午，给我的房间
带来昏暗和清凉
我干燥的心也再次湿润了
听着窗外那一阵阵雨声
我想埋头写诗，但又想出门迎接它
就像我再也不能错过什么
我终于撑起雨伞下了楼
和那一棵棵摇曳的树一起
走在这瓢泼大雨中
（这是重回儿时戏水的水洼中吗
那欢快的脚丫子的拍动！）
我甚至去游泳馆游了八个来回
边游边望向巨大的玻璃窗外
希望这雨不停地下
啊不停地下……

但是，当我回到家里
看到微信上传来的大量照片
看到郊外那些被淹没的桥洞和车站
推着自行车挣扎的下班族
我的诗写不下去了
转瞬间，雨声变成了抽打……

我的诗是写不下去了

(被冰雹砸烂的果园!)

而雨，仍在下

在某个已不存在的屋檐

在我们的遥望、回忆和枯坐中

雨，仍在下……

（原载《红岩》2018年第5期）

鹡鸰的数量

◎臧　棣

暖冬如网，抽象你
生来就知道生活是我们的
最大的漏洞，而假如有例外，
情形又危险得如同天机
一旦泄露，我们很可能就是
生沽最偏僻的漏洞。
口径越纯粹，好人就更难逃
好人也是好人的漏洞——
很深，但不是深渊
一味沉迷于原始的恐惧。
寻求平衡时，小鹡鸰模糊如
时间的小黑斑，以至于
要把它们准确计入存在的理由，
你必须捡起石块差一点就击中
正蹲伏在河岸边推敲杀机的
一只黑猫。如果你没动手，
说明在附近拐弯的小河
起到了很好的分神作用——
还有比你说我要向它们道歉
更能分神的个人仪式吗?
更何况你深知我们的歉意充满了
道德的瑕疵，人类的暧昧——
比如你说我要为硕大的告示牌上
禁令醒目而排污却源源不断

而向这些可爱的䴙䴘道歉。
没错，它们缺乏真相的概念，
它们全然无知于它们实际上
是以我们为底限出没在
冬天的风景中的。它们的数量
牵动我的神经就好像我的心
是一枚刚刚落定的骰子：
最少的时候，连续四天
你只能瞥见一只䴙䴘
孤零零游荡在冰冷的河水中，
现在，它们的数量已多达九只；
假如你不打算浅薄于解脱，
要辨别出哪一只䴙䴘
是刚出生不久的，也不是什么难事。

（原载《诗潮》2018年第9期）

绿色的变奏

◎吕德安

一场小雨泛着绿光
它飘啊洒啊仿佛在风中
在它后面是虚幻的乌云
灰色的屋顶和树林

一场小雨泛着绿光
它飘啊洒啊仿佛在风中
它给我们看乌云的虚幻
灰色的屋顶和树木的镜子

一场小雨泛着绿光
它飘啊洒啊从不落地
它隐匿在乌云帷幕里
和树木镜子的黑暗里

就这样仿佛在风中
就这样泛着绿光
它看上去就像一场空空的
几乎没有的小雨啊

（原载《江南诗》2018年第4期）

回旋曲

◎小　海

此曲只应天上有，
人间能得几回闻？

——杜甫（《赠花卿》）

阳光的剑可以刺穿
柔软、流动的
天上的河流
向云朵循环

抛掷自己
茫茫的裸身
历历分明而又纤细
像直立的鸡骨

——忧郁时哭泣
快乐时快乐
云朵躲避太阳

大地上每天的反叛式
看云一分钟
就会被删除

池塘的鸭子学会了狮吼

你们，在歌声中成长

（原载《扬子江诗刊》2018年第2期）

度　假

◎陈东东

唯一的改变是一成不变
街巷依旧狭窄，来自天上的巨流依旧
在穿越几片次生林以后又拐过季候
到小旅馆窗下已显得静谧
水中悬浮的黄金锦鲤依旧不动
仿佛云眼里飞鸟不动的一个倒影

他们到来仅只是照例
就像航班照例延误，飞机却照例傍晚
降落，一盏打开往昔的灯，照例昏黄
灯下的茶碗和去年未及读完的书
照例摆放在同一家餐厅的同一张桌上
打烊时告辞，小费也照例

银行汇率跟空气指数稳定于适宜
树荫下的鞋匠铺，居民楼里寂寞的书店
江堤上情侣推单车散步，他们的姿态和
莫测的表情，有如一部回放的默片
猫在报摊还是弓着往日的睡形
偶尔有雨，预料般重复上一场雨

斗转星移世事缭乱，每一刻都展现
一层新地狱。然而仍有某种胜境
坚持记忆里终极的当初。那么他们就

临时放下各自的武器，抽身去战前
那间并无二致的酒吧。交火双方对饮
酩酊，确认此刻为真——他们正在度假

（原载《诗歌月刊》2018年第9期）

有野兔的山水诗

◎车前子

它嗅到我之前世。

兴奋地——抬头，
作揖，
仿佛学会微笑、
害羞和礼貌用语。

张大了嘴，
然后。张大了嘴，
它嗅到我之前世。

它嗅到我之前世：
缥缈的青草气息。

（原载《作品》2018年第9期）

我常把白天视为乞丐

◎冰释之

我常把白天视为乞丐
也没将夜晚当作富豪
我只是路过桥上
桥下是我年轻时挥霍的时光

繁华正从
桥上一片片凋落
我此生经历的伟大
不过是，把星星戴在胸前

那一刻史书里的烟雾忽然聚集
每一步依然惊心动魄
恐惧游荡在雨季，无数忠诚的手
指向落日

岁月一再被侮辱
遥望远处的世界，我一直
活在空无一人的轨道上
活在梦想被惊醒的一瞬间

等我完全隐没在桥的那端
没人能分辨，火光中的气息

无所谓昼夜乾坤
我看见的光芒已经不再是时间

（原载《三角帆》2018年春卷）

列夫·托尔斯泰

◎梁小斌

在晚年，他希望做一个缝鞋匠，
进入——针线的缝合之中。

因此，在我幼稚的脑海里，
我曾认为街角的任何一位鞋匠，
都曾经躲在家里，写过厚的书。
现在我想，人不能
到晚年才想到做鞋匠。
这时他已年老眼花，缝不了几针了。

原来，托尔斯泰只是接近了常识，
接近一个朴素的思想，
他是为一个境界而不停地缝合。
作家最终的结论，或者身体力行
在做一桩谋生的事，

如同峰顶的火焰那样，在那里
诗意般地燃烧。托尔斯泰也在燃烧，
在那个缝鞋匠的内心，
在淡泊和默默无闻的缝合中。

（原载《诗歌月刊》2018年第7期）

撕

◎张新泉

撕是一种暴力
对于纸，即使再温柔
也是

一生中，我们总要
毁掉一些纸
总会与一些纸张
势不两立
在碎纸机莅临之前
我们体面优雅的手
总在乐善好施
温情脉脉的背后
清醒地干掉
一些类似纸的东西

笔使纸张获罪
纸在无法解释的绝境
被撕得叫出声来
文字的五脏六腑
散落一地……
人对纸张行刑时
是一种比纸更脆弱的
物体

纸屑会再度变成纸
再度与你相逢时
一些化不掉的字
保不准会活过来
咬你

（原载《江南诗》2018年第5期）

剑

◎汤养宗

炉火空茫，他们要我打造出一把
最锋利的剑
其实最好的铁器都不是肉眼能看到的
也不是我的炉火千呼万唤的
一遍又一遍的淬火
好剑是身体里一块最要紧的骨头
具体是哪一块，许多人
一直摸不到
摸不到的一把剑你我很少有机会使用到
你也是铁匠，一生的锻造
花费了最隐忍的心血
万古来我们两手空空，长夜里
这身皮囊即是剑鞘
听到了铮铮作响，坏脾气与心有不甘
火花飞溅，或泪水空流
自言自语：我有千岁忧，却已锈迹斑斑

（原载《诗潮》2018年第7期）

西北风就酒

◎娜　夜

西北风就酒
没有迷途的羔羊前来问路
我们谈论一条河的宽阔清澈之于整个山
　河的意义
彼岸之于心灵

中年之后
我们克制着对生活长吁短叹的恶习

不再朝别人手指的方向望去
摆放神像的位置当然可以摆放小丑

我鼓掌
仅仅为了健身

真理与谬误是一场无穷无尽的诉讼
而你只有一生

自斟自饮　偶尔也自言自语
时代在加速　我们不急

远处的灯火有了公义的姿态却缺乏慈悲
　之心
我们也没有了一醉方休的豪情

浮生聚散云相似
唯有天知道：

每次我赞美旅途的青山绿水
我都在想念西北高原辽阔的荒凉

（原载《西部》2018年第1期）

蝉　蜕

◎曲有源

倒空了自
己便成
为一
味
中
药了
也许它
真正的疗
效就是
能够
医
治
聒噪不已

（原载《中国诗人》2018年第2期）

鸣沙山

◎曲有源

一盘散沙
那是分
装的
形
态
倘若
堆积成
山不仅一
鸣惊人
也让
群
峰
刮目相看

（原载《中国诗人》2018年第2期）

空白的纸

◎王学芯

用日志的方式记录每天的事情
几十年的突起和波动
留下佝偻的身子

岁月猝然风化
纸上的字迹变得模糊　变成
空茫的迷离傍晚

那些缠萦的时间和事情
同事或关联的联系
松弛　拉紧　而后扯断

不断循环的形态
一半一半地沉寂　回头一望
每个字都在风中消失

折叠　折叠
缩小的轮廓不再重要
如同一小块儿多层的干冰

稀疏的头发垂下
空气变得湿冷　一生的时间
变成了令人窒息的白色

（原载《十月》2018年第5期）

鸟 鸣

◎谢克强

翻阅一卷旧书
坐在一首七绝的平仄之外
我听见　黄鹂鸣翠柳
白鹭上青天

倏然响起的鸟声
从窗前的树林间流过
那委婉的清脆
一声追着一声　骤然
惊醒了我久贮的诗绪
追着鸟飞

至于鸟儿鸣啭着什么
我一句也没有听懂
但那婉转啼鸣的音韵
宛如穿过窗前树林的风
令我陶醉

鸟儿去了远方
尽管窗外还不算喧闹
但也难以容下鸟的鸣啭
我只好捡几片遗落的鸟鸣
权当书签
夹进最动心的章节

（原载《扬子江诗刊》2018年第3期）

一行字

◎张洪波

它们缓缓走到纸上
是谁派遣来的?

也许是一种细菌
传播那些人与事
它们不满。探着头
碰撞着。四溅着一些光

它们从一颗心走过来
它们是一次事件
它们说了话又沉默

在人心另一处
它们可能要留下来

（原载《文学港》2018年第10期）

失　题

◎柳　沄

一位老人
长时间地坐在
一棵老树下
同样凝滞的还有落日
以及那只，就要
熄灭的烟斗

暮色越来越深
闲在一旁的拐杖
越来越像溢出地面的虬根
仿佛用不了多久
老人的皱纹与老树的年轮
也会缠绕在一起

多好啊
——我被这种
不可能发生的事情反复打动
就好比火焰
在把不断碰到的东西
变成自身

（原载《芳草》2018年第4期）

在林子里坐坐

◎李　皓

在林子里坐坐
我才发现自己与蚂蚁
以及那些不知名的虫子
是那么亲近，我又何尝
不是它们当中的某一个？

在林子里坐坐
我不光能看到绿叶和花朵
还能看到这个季节并不多见的
落叶，生死轮回
总是那么悄无声息

在林子里坐坐
你才能意识到人的话语竟然
也是噪音。那些树终年无语
只是由于一对喜鹊的栖落
花花草草的世界才浑然不觉

（原载《作家》2018年第5期）

邀 请

◎姜念光

一只麻雀，在树下
独自玩耍
它踢着枯叶，吱喳叫嚷
我听不懂它的语言
但它肯定发现了什么
不然它不会自问自答，然后
衔起一片最小的枯叶
像个邮递员似的歪头看看我
把信函一下子放下

今天是春天的第三个周末了
那棵树是白蜡树，还需要
三个星期才会发出新绿
看着窗外发生的这一切
我决定，等一等
像个耐心的客人
也把手中的笔和书放下
不再焦急

（原载《诗潮》2018年第5期）

江　边

◎包临轩

江边，列队而立的楼房
仿佛卸载的集装箱，再也不走了
失去的火车头，在哪里呢？

这些屏风，阻挡了风的上岸
天际线，正在被一一崩断
像不规则的锯齿，咀嚼着树木和草坪
也像垛口，吞噬了晒网和踏浪的日子

谁能挪开这一组笨重的体积，让江面
豁然敞开，让呼吸的沉吟
吟出一支扬帆的船队，顺江而下
李白衣袂飘飘，突然出现在甲板上
凭空举着酒杯。而诗仙的周围
江鸥翻飞，似雪

我则以青草的力气
从集装箱堆起的废墟里，张开
轻摇绿色手指
喊出微弱的声来，向江心
致敬

（原载《作家》2018年第7期）

过　去

◎子　明

当灵魂不再眺望
生命就是过去

让现在旋转不已
把过去从河底卷起

一只腕表指针跳动
在已死的手臂

复活的皆优美
连痛苦也变甜蜜

记忆的影子缥缈
得不到证实

梦之美，优雅的游戏
夜与野性的花朵

忆与梦迷路
水中月影波纷飞

呼唤飘荡的词
像落叶飞回黑色的树枝

（原载《作家》2018年第3期）

晨 练

◎拓 夫

我跳起身
双手抓住榕树的一根横枝
只撑了几秒
就不得不松手
落地的一瞬我意识到
这一身无用的躯壳
原来竟无比沉重

（原载《广西文学》2018年第10期）

木偶的自白

◎靳晓静

我从俑中活出来
四肢灵活，开始演戏
我是谁，我演了多少年
没有回答，我换了身衣服
站起来继续演

逆来，顺来
我接受一茬一茬的命运
爱恨情仇中
我是我自己的冤家
自虐时割不出半点血迹

夜晚，我借舞台的灯笼回家
恩人仇人手挽着手前行
轮回是一种疾病
母亲的喊魂必不可少
可是我的母亲你在哪里
你必须站出来
还我的本名，我是
你的一个孩子
而不是另一个的替补

怕天亮，怕有人替我化妆穿衣
要躲过锣鼓响起后的出场

我必须患上抑郁症
或者疯掉，满舞台乱滚
我的疯话是，谁在控制我
母亲一定要站出来
我的戏文出自他的喉咙
我们是一个人呀
可我再不能替代他，母亲
让我哀悼你的亡婴，并且抱抱他
之后请你看着我，直到看见
让我这朵泡沫水下有根

（原载《星星》2018年3月上旬刊）

天池边的一丛白桦树

◎陆　健

天池边的一丛白桦树
在山坳未能遮住的斜面
叶子落尽，身躯斑驳

树们在剥着自己的皮
他们正倒下去，横七竖八
裸露出黑黢黢的骨肉

树们在揭着自己的疮疤
好像已经不知道痛
他们低着头，风也停滞了
那干裂的嘴唇，眦裂的眼眶

（原载《大河诗刊》2018年春卷）

一觉醒来

◎赵培光

一觉醒来，微雨洗晨
我在淅沥的秋声中悔过自新

逐渐地，我把欲望缩至最小
吃饭，散步，夜晚数星星

我感觉，我越活越轻
仿佛一展双臂
就可以飞到云朵上

（原载《小诗界》2018年第1期）

天黑了

◎王长军

天黑了，榛子树难以预料自己的结果
草丛里，土地被萤火虫照亮
上帝依偎着众草，心事重重

无法看清上帝的表情
只有萤火虫带电，在黑暗中突围

天黑了，万物静息
为什么，上帝依然在夜色中
像一个寻找羊群的牧人

（原载《诗探索·作品卷》2018年第3辑）

相　反

◎第广龙

张扬着
华丽而累赘的穿戴
雄鸟在求偶
看到雌鸟一身邋遢
交配又只有短短一瞬
我总觉得太过不值
而不论雄鸟
还是雌鸟
表现出来的
都和我的观点相反

（原载《诗潮》2018年第1期）

草尖上的黄昏

◎李荣茂

山岗上有微风吹过
黄昏里残阳如洗

坡上的青草，吐露锋芒
接住落日，辽阔和忧伤

（原载《十月》2018年第4期）

石湖先生

◎钱万成

从苏州去太湖
路过一片小小的水域叫作石湖
夕阳在天，波光粼粼
一个老人坐在一条船上千年垂钓

他就是大宋天子请不出的范成大
就是隐居在七子山上的石湖先生
他用桃花和柳叶编织梦想
用湖水作墨，书写千古幽情

柳莺啼叫，马嘶鹿鸣
还有弯月的琴音太阳鼓的余韵
直到现在依然在石湖
在来到石湖
以及读过石湖先生诗歌的人们心中回响

小隐者隐身，大隐者隐心
他深藏起他那个时代的苦难
让遍地油菜、向日葵、粉菊
绽放美丽的花朵

（原载《诗东北》2018年上半年卷）

金门高粱酒写意

◎冯　杰

据诗人说　调制的方法是
兑以豪情
兑以红高粱灼手的影子
然后密封阳光

时间以液体的形状开始发酵
酿制液体的火　分上中下开始
　往下流动
用于架起一道情感的软梯子
一杯一杯来递增与攀登

对饮是另一种制造酒程序
烧透两岸陡峭上的碎石
饮以意象
饮以超现实主义加上魏晋之风

情感透明
再纵容一下醉了蓝海峡
不是古人不敢贸然造次欠身
且不可翻版雷同酒史里的某一
　段风雅
不会吟诗不要去饮酒
自己不成酒糟起码鼻子会完成

多饮一滴都会超标

它会吸星大法灌满旧月光

连夜筑出一条让汉字踩的路

在子夜　一个个汉字满脸酡红

　开始摇晃

（原载《绿风》2018年第2期）

一个人到山上走走

◎王文军

一条荒废的野径
众鸟飞尽，流云孤闲
一场盛大的绿
隐藏起她的来龙去脉

山弯的凹处
渗出一泓清澈的泉
像一面透视的镜子
使我看清一座山的
宽容与隐忍

杂草漫过荒冢
麻雀，或者乌鸦
还有一些说不出名字的鸟
落在字迹斑驳的墓碑上
把天光聒噪得慢慢
暗下来

野径一头扎进草丛
惊起无数的鸟鸣、花香
留下我一个人
愣愣地站在那里
不能鸣叫，也不能开花

（原载《诗歌月刊》2018年第6期）

血染的印象

——致梵高

◎张益禄

在一座古堡的后面
成长着金色的麦田
一声枪响划破寂寞的天空
三十七岁的梵高倒下了
倒在残阳西下的时刻
倒在印象派如日中天的时刻

他是天才　也是疯子
一生疯狂绘画
调尽画坛绚丽色彩
绘尽人间万千景象
包括《星夜》《麦田与柏树》
《向日葵》《鸢尾花》
《有垂柳的公园是诗人的花园》

但天道并未酬勤
命运没有兑现承诺
超级孤独　一生只有一个朋友
超级贫穷　流浪在阿姆斯特丹街头
生前只卖出过一张画作
——《红色葡萄园》
换得区区四百法郎

也许是那一声枪响
惊醒了冷漠的大地
一切在他死后开始复活
他的画逐渐疯狂
收藏家逐渐疯狂
倾国倾城
他的肖像成了举国偶像
打动世界
他的画作成了人类宝藏
价格一路扶摇直上
连同拍卖行　一并涨到九霄

鲜血是最好的色彩
麦田是最好的画布
梵高饮弹倒下的姿势
成为一种悲壮的告别
成为一幅凄美的风景
或者　是一幅最为昂贵的油画
它的名字叫——血染的印象

（原载《作家》2018年第5期）

纸筒的幸福

◎彭　鸣

纸筒本是
卷纸用完的废物
没人在意
但偏偏被我的思绪钳住

不一样了
我把它们收集起来
一只一只在桶上
涂不同的画面
在每个桶里塞满
不同的音符和烟花

我用彩带
把他们捆在一起
在大午三十的晚上
我点上心灵的火焰

劈劈啪啪 1234
它们在我的春天
在我的艺术生活里
变得有情调起来
即使粉身碎骨
它们也倍感幸福

（原载《创世纪》季刊2018年夏季号）

喜　鹊

◎柳　苏

我不止一次写过喜鹊
写它报送人间无数的吉祥
写它与乡村难以割舍的情愫
这小小的生灵，牵动我多少文字

念想，有时候忽然从天上飞到地下
收拢翅膀，摇身一变为有说有笑的人

那时，青春无家，携一支笔一个采访本
频繁出入乡间。一当遐想被笑声惊散
就面对一道风景：各具情态的村姑
一位叫喜鹊的，将我留宿于她的心头
撑开一把伞，下起情意绵绵的雨
喜鹊是鸟，喜鹊是人，牵动着我的爱
让这些记忆一生没有结局

（原载《诗刊》2018年3月号下半月刊）

双重意义

◎吉狄马加

诗人尼基塔·斯特内斯库
在他临终前，对抢救他的年轻医生说：
“请给我一点点你们的青春！”
无疑这是对生命的渴望和赞美，
是对逝去的时间以及岁月的褒奖。
作为肉体的现实，穿越乌有的马匹，
不论是夜晚，还是更长的白昼，
当那一天来临，穹顶上再没有
一颗悬挂睡眠和头颅的钉子。
或许这不是一次回眸，仅仅是
死亡的一种最常规的形式。
如果说物体和思想的存在
本身就是另一种并非想象的虚无。
难怪作为一个曾经活着的人，
跟不同的影子捉迷藏和游戏，
就足以消耗螺旋形的一生。
尽管生命的磁铁并不单调乏味，
但那仍然是生者赋予了它双重的意义。
也许正因为此，荒诞的生活连同
被抽象的词语，才能在光的
指引下，一次次拒绝黑暗和死亡。

（原载《作家》2018年第8期）

注：尼基塔·斯特内斯库（1933—1983）：罗马尼亚著名诗人，被公认为罗马尼亚当代现代派诗歌的代表人物。

咏　叹

◎叶　舟

白云悲伤么？白云的
悲伤不告诉我，因为
它身旁坐着佛陀。
鹰悲伤么？鹰的
悲伤看不见我，因为
它的翅膀披满了佛光。

石窟悲伤么？石窟的
悲伤已经熄灭，因为
鲜花和飞天在此出没。

我悲伤么？我的
悲伤显而易见，因为
大地寒凉，已是秋天。

……这高地，这永恒的使命，却依旧滚烫。

（原载《扬子江诗刊》2018年第1期）

旧 居

◎黄 梵

请不要嫌我如此伤感
你不知，为何人人在大雨中狂奔
我却停下脚步？
只因为旧居，曾装不下
青春的巨大慌乱

五十岁了，才再次路过它
大雨已将屋前草地变得泥泞
画出一张张布满皱纹的脸
旧居墙面，也挑选发霉的黄斑
继续应付屋里更年轻的婚姻

我站在风的一声声长叹里
用结石的泪珠，敲打地面的鼓——
为何旧居竟这般沉默，它已认不出我？
一扇防盗门，阻止我走入住过的房间
下水道还用它的臭，驱赶我

请不要嫌我如此伤感啊
我只想再等一会，等旧居
把更多的往事还给我

（原载《扬子江诗刊》2018年第3期）

即　景

◎何向阳

嗯，这一切安详宁馨
带皮的土豆
紫色的洋葱
西红柿和牛尾在炉上沸腾
昨夜的诗稿散落于
乡间庭院里的
长凳

（原载《作家》2018年第4期）

黄昏时刻的诸神

◎华　清

黄昏降临的时候诸神现身
他们彼此呼应，亮出巨大的翅翼

乌云凑够了热闹，地平线尽头的
闪电，用暗蓝隐喻着诡谲的气氛

天空低垂下来，大地渐渐变轻
风尖上耸动的叶片跃跃欲试

暮色如此凝重，时光开始读秒
行路人浑然不觉，衣袖里鼓满了西风

（原载《钟山》2018年第4期）

心有不甘

◎严　力

多种力量把我从树做成了家具
常言所说的三十而立
说的就是要完成人生的突变
以前
我在树里仰望成材的将来
现在
则以某件家具的身份
感叹被固定了的位置
尽管我仍然享受内心的绿
但我更喜欢用锯齿般的目光
打量与其他家具
被命运摆出来的距离

（原载《诗潮》2018年第6期）

道

◎黄灿然

天黑了，又下雨。
他在山下拐弯处等到公交车，
但司机硬是不让上，说现在
只在固定车站停车。“后来我想
大概是老天要我多走路吧，
所以也就释然，爬山回家。”

（原载《芳草》2018年第3期）

我的狮子

◎姚　风

我的身体内有一头狮子
它把我的心当成石礅子，蹲坐上面
做出仰天咆哮的雄姿
但从不发出声音

每天我拉它出来散步
让它保留一点原始的野性
但它已没有了猎杀的冲动

它不再吃肉
它习惯了吃超市的狗粮
每次吃完就舔舔嘴唇
再舔舔我的脸
一副心满意足的样子

（原载《扬子江诗刊》2018年第5期）

子夜深处

◎高　兴

每到子夜
门就会自动打开
一道影子就会悄悄走近
冒一下头，嘀咕几句
然后又隐入夜空
将余下的时光
留给那双睁得大大的眼

（原载《江南诗》2018年第4期）

暗 夜

◎爱 松

从体内刺穿
沿着锁骨
你通晓，它的语言

它催生悲伤
但我，不能止于这悲伤
不能止于，它赋予生命
唯一一次，对身体的命名

在黑与白间，你通晓
这条道路，寂寥如晨星

我听到，你整夜地醒着
听到好几次，母亲
俯下了身子

（原载《诗刊》2018年6月号下半月刊）

收 藏

◎娜仁琪琪格

收藏起这八月的金桂与银桂
它们浓重的香　收藏起　这片片阳光与
岩石边的苇草　它们贴肤的暖
收藏起青苔　柔软的绿
一棵古树上的两朵木耳　它们贴得那么近
收藏起幽兰的小花　飞舞的蝴蝶
它们停下来的那一瞬　收藏起　栈道　小桥
山崖下　一湖又一湖的水
——碧绿软透　那深不可测的魔力
收藏起啊——两只蜻蜓　在一根细草上相遇
经过彼此　它们是那么美

人生飞疾却也缓慢　请原谅我的收藏
只是为——小心地呵护　轻轻地擦拭
那些白鹭在湖面上　飞翔的飞翔　停顿的停顿
小憩的小憩　它们缱绻温存
而我们仰望的姿态　俯视的身影　撩起水花的笑容
也就融进了青山逶迤　碧水浩荡　长天旷远

（原载《诗歌月刊》2018年第5期）

我只看到了空旷

◎向　墨

这里曾经或许有一群马
抑或一只花豹
因为　从云头传来隆隆的
蹄声和嘶鸣

此刻　天空跳下来
把自己摔成蓝色的碎片
紫色的花瓣　哑然
羊群惊恐地奔向　苍穹
风　依然很轻

铁锈色的夕阳　张开触角时
一只麻鸭　惊叫着飞起
明亮的叫声　在空中划着弧线
掉进对面的草丛　阴影弥漫开来
借着阴影把来自老屋的痛
摁进沼泽　只剩下一副
柔软的空旷　而我　正如一块石头
在空旷里　一点一点沉没

（原载《青海湖》2018年第9期）

微小的事物

◎苏笑嫣

我心弦颤动　是因一次又一次的相遇
灰叶安息　拟赤杨　刺毛杜鹃　红枝柴
甜槠　薯豆　这些树木的名字
朴素得仿若轻微的喘息

两只蜻蜓披挂斑斓的彩衣　我惊异
大自然赋予它们的美　气质非凡
它们从同一根草茎上　相向走过
是偶遇　还是一生的错过？

在大自然中　我也是微小的事物
喜欢听鸟鸣　花语　水流的声音
喜欢以自己的方式　生活与热爱
有突然而来的喜悦　也有慢慢弥漫的忧伤
我行走　错过了很多好　也遇到了一些坏

啊　太阳滑下山去　落入了峡谷
瑶池陷入了更深的静谧　静默的小荷叶
在合衣睡下前　它们收藏起星星的话语
也接住夜露的晶莹

（原载《绿风》2018年第4期）

敬　告

由于编选时间仓促、工作量大，未及与所选作者一一取得联系，请见谅。

现仍有部分作者地址不详，为及时奉上稿酬和样书，请有关作者与责任编辑赵维宁联系。

地址：沈阳市和平区十一纬路25号

邮编：110003

电话：024—23284306

E-mail：249972579@qq.com

微信号：zhaoweining10

辽宁人民出版社

2019年1月